科技部、教育部“高等学校学科创新引智计划”（111计划）“国外马克思主义经济学与中国特色社会主义政治经济学学科创新引智基地”资助项目

教育部人文社会科学重点研究基地——西北大学中国西部经济发展研究院资助项目

系统介绍制度经济学理论体系发展演进全貌及最新进展，为不断发展中国特色社会主义政治经济学提供借鉴

制度经济学

【法】贝尔纳·沙旺斯（Bernard Chavance）著

吕明慧 译

钟鸣 校译

L'économie institutionnelle

中国经济出版社
CHINA ECONOMIC PUBLISHING HOUSE

北 京

图书在版编目（CIP）数据

制度经济学/（法）贝尔纳·沙旺斯（Bernard Chavance）著；吕明慧译. -- 北京：中国经济出版社，2021.6

ISBN 978-7-5136-6487-5

Ⅰ.①制… Ⅱ.①贝… ②吕… Ⅲ.①制度经济学 Ⅳ.①F091.349

中国版本图书馆 CIP 数据核字（2021）第 108746 号

感谢原出版方 Éditions La Découverte 授权出版。

北京版权保护中心引进书版权合同登记号：图字 01-2020-6876

责任编辑　贺　静
责任印制　巢新强
封面设计　任燕飞工作室

出版发行　中国经济出版社
印 刷 者　北京力信诚印刷有限公司
经 销 者　各地新华书店
开　　本　880mm×1230mm　1/32
印　　张　6.25
字　　数　114 千字
版　　次　2021 年 6 月第 1 版
印　　次　2021 年 6 月第 1 次
定　　价　78.00 元
广告经营许可证　京西工商广字第 8179 号

中国经济出版社 **网址** www.economyph.com **社址** 北京市东城区安定门外大街 58 号 **邮编** 100011
本版图书如存在印装质量问题，请与本社销售中心联系调换（联系电话：010-57512564）

中文版序 | PREFACE

以法国调节学派为借鉴
研究中国特色社会主义政治经济学

任保平

法国调节学派是欧美马克思主义经济思想流派之一，是马克思阶段理论发展的产物，其学说的目的在于解释资本主义危机的根源和走出危机的原因。20 世纪 90 年代以来，调节学派的理论进一步发展，被广泛运用到对转型经济、发展中经济和经济全球化、亚洲金融危机及拉美经济危机、国际合作和区域经济一体化等新问题的研究之中。调节学派继承了马克思经济学中的核心理论与范畴，同时又从马克思理论中那些高度抽象的概念中分离出若干中间概念，来解释经济主体的相互作用及其规律。因此，系统地梳理和评析法国调节学派的经济理论，研究马克思主义政治经济学创新发展的规律，对中国特色社会主义政治经济学的研究具有重要意义。

一、调节学派的方法论与核心概念

自20世纪70年代中期以来，法国的一些经济学家通过对马克思、凯恩斯和卡尔多经济理论的独特结合，并从以布罗代尔等人为代表的法国年鉴学派和波拉尼、熊彼特的理论中汲取灵感，发展了一种研究资本主义经济长期演化的独特方法，在制度与演化经济学的发展中，形成了法国的“调节”学派。调节学派自20世纪70年代最早在法国形成以来，在世界范围内引起了广泛关注，并在理论和经验研究方面取得了很大进展。

1. 调节学派的方法论

调节学派的方法论特点是在对资本主义经济发展的研究中，运用历史的、理论的、比较的方法来探索积累体制和调节模式二者关系所表现出的规律性的东西。调节学派积极运用多学科方法，主张充分利用历史学、政治学、经济学、社会学和法学等各学科的研究成果，认为没有纯粹的经济现象，各种经济行为都是在密集的社会关系和政治规定的网络的框架中进行的。

2. 调节学派的核心概念

调节学派在继承马克思经济学核心概念、基本范畴和基本规律的基础上，发展出了一些新的概念来解释当代资本主义经济。这些核心概念有：①工业或科技生产范式。调节学派用这个概念来说明社会劳动分工的程度，其含义是劳动过程中的技术和分工，主要用于进行微观层面的经济分析。②积累体制。调节学派认为一个稳定的积累体制需要外在于经济的政治社会机制来调节，需要一种调节模式。积累体制是指维持稳定经济生产与消费平衡类型的模式，这个概念主要用于宏观经济层面的分析，针对市场的稳定而建立，调节学派认为稳定的积累体制的形成机制是大规模生产需要大批量消费来配合。③调节模式。这是一个融合规范、制度、传统、组织形式、社会网络、行为类型等于一体的复合体概念，其功能是使得行为人遵守规则，形成体制再生产的模式，从而维持一个积累体制的稳定。这个概念主要处于介于微观和宏观中间的社会制度层面。④发展模式。工业范式、积累体制和调节模式相互调整，互为补充，从而能够维持一段相当长时期的资本主义稳定发展，这样的发展可称之为发展模式。

3. 调节学派的理论框架

在调节学派的分析框架中，积累体制、调节模式和发展模式构成了其理论的概念基础。调节学派认为，社会经济结构中主要制度的组织一致性匹配能推动经济持续发展，而不匹配则产生了不稳定性、危机和宏观经济的衰退。在调节理论中，长期动态被看作是不连续的。当一种发展模式的潜力趋于耗尽时，从前各部分之间的连贯性就会消失，在新的连贯性出现之前，存在着不稳定和无序。在这种情况下，积累过程变得越来越与制度形式的稳定性不兼容，它无法完成在现有制度基础上的自我再生产，不平衡已达到这种情况：在给定的调节模式中，从前自我修正的机制变得无效了，发展模式陷于危机，经济增长缓慢，甚至出现停滞，从而产生了不得不进行制度变革的压力。

二、调节学派的理论渊源

（一）调节学派理论与马克思主义政治经济学的关系

调节学派坚持和继承马克思经济学，而不是马克思主义的政治经济学，也就是说，其学理基础是以《资本论》为基础的马克思经济学，而不是以《帝国主义论》为基础的马克思主义经济学。

1. 调节学派理论对马克思政治经济学核心概念和范畴的继承

（1）马克思关于生产力—生产关系以及社会再生产的论述。调节学派核心概念间相互作用的机理遵循了马克思关于生产力—生产关系以及社会再生产的论述。调节学派始终围绕马克思的生产方式概念进行分析，他们认为每一个稳定的积累体系都一定需要生产力与生产关系之间保持系统稳定性。在研究社会再生产理论时，马克思将生产关系的再生产问题放在非常重要的位置，认为生产关系的再生产是随着生产力的发展而不断完善的过程。在这一过程中，生产关系的再生产是对生产关系中不适应生产力发展的某些方面和环节进行改革，从而以新的内容和形式来代替。这些思想认识在法国调节学派的理论中都得到了继承。

（2）调节学派继承了马克思经济学中的核心理论与范畴。虽然他们创造了一些概念和范畴，但是基本的概念和理论基础仍然是马克思的，如资本积累、利润率下降等。

（3）调节学派坚持和继承了马克思的利润率下降趋势理论。调节学派认为马克思关于利润率下降趋势的规律是分析资本主义经济运行机制时最重要的理论工具；在坚持这一理论的同时，结合资本主义发展的历史和现实，从各种制度结构及其功能角度就资本积累的过程、动力、障碍因素及绩效进行了分析。

2. 调节学派理论对马克思政治经济学的发展

（1）调节学派认为马克思理论中的一些概念高度抽象，应该从中分离出若干中间概念，来解释经济主体的相互作用及其规律。在生产方式概念的基础上，调节学派提出了积累体制、调节模式、工资关系等概念。

（2）在马克思剩余价值理论基础上，调节学派提出了内涵型积累和外延型积累等概念。

（3）调节学派对马克思的再生产概念进行了解构。在马克思那里，再生产一方面是物质资料再生产，另一方面也是生产关系再生产。调节学派则不再强调这是同一过程的二重性，而是把“调节模式”和“积累体制”这两个概念分离成两个单独的概念来解释。对于物质资料再生产的环节，调节学派以工业生产范式这一概念进行分析；而对于生产关系再生产的环节，则以制度形式为分析对象。

（二）调节学派理论与新古典理论、凯恩斯理论的关系

1. 调节学派理论与新古典理论的关系

调节学派理论与新古典经济学理论是对立的。新古典学派以经济行为的不变性为前提，不考虑任何时间和地点，提供的是一种非历史的经济规律，从而把历史排除在外，因而它不能解释资本主义经济的历史演变过程。

2. 调节学派理论与凯恩斯主义经济学的关系

调节学派认为凯恩斯主义经济理论研究的是开放程度较低的经济，而我们现在面临的却是全球化经济。调节学派试图发展马克思的制度理论，把制度与凯恩斯的宏观经济结合起来，开创一种不同于以往的历史的和制度的经济理论。调节学派理论以现实前提为基础，它认为，适用于任何时间和任何地点的理论是不存在的，相反，必须把概念工具和现实条件结合起来，因此必须不断创立新的调节方式和经济制度。

三、调节学派的其他经济理论

1. 调节学派的制度经济学理论

21 世纪初，法国调节学派完成了第一代和第二代的新老

交替，对制度经济理论进行了研究，做出了巨大的贡献。他们认为“各个社会主体都有各自的利益，他们在追求自己利益的过程中会产生社会冲突，而制度就是为了调节社会冲突而产生的，是社会主体在社会冲突中相互妥协的产物，其中，制度形成时的历史条件和政治交换对于形成什么样的制度起着关键性的作用。同时，制度、意识形态和政治媒介的相互作用形成了社会冲突调节的一般机制”①。第二代学者继承了调节学派初建时期的方法论，继续强调了调节理论的独特性，并在制度理论重建方面做出了巨大贡献。自19世纪以来，如何把经济的历史特点和经济理论结合起来是持久争论的主题。调节学派认为，新古典经济学不考虑任何时间和地点，提供的是一种非历史的经济规律，因而它不能解释资本主义经济的历史性演化过程；而马克思有关资本主义发展的长期动力学说虽然强调了社会关系和积累过程的历史特定性，但他使用的概念过于抽象。因此，阿加利塔和博耶这些调节学派的开创者们认为，为了发展一种对资本主义多样化经济形态的演化进行解释的理论框架，“调节”方法应该从更抽象的概念（如生产方式）中找出中间概念和模式，如积累体制和制度形式等，用来解释经济行为者在相互作用时表现出来的规则性，最后再与观察到的事实进行相当细致的比较。调节学

① 吕守军. 法国调节学派的制度理论［J］. 上海交通大学学报（哲学社会科学版），2009（12）.

派试图通过发展马克思的制度理论，把制度与凯恩斯的宏观经济学结合起来，开创一种不同于以往的历史的和制度的经济理论。在调节学派制度经济理论的分析框架中，积累体制、调节模式和制度形式构成了调节理论的概念基础，当积累体制、调节模式和制度形式相互补充，一度足以确保资本主义扩张的长波所需的条件时，由此产生的复合体常常被综合性地认定为发展模式，调节学派运用上述框架对美欧资本主义从福特制向后福特制的转变进行了分析。调节学派第二代的制度形成理论，在继承第一代学者理论的基础上，形成了不同于新制度经济学、比较制度分析理论、美国激进学派和法国公约经济学的具有自己特色的理论。

2. 调节学派的经济危机理论

调节学派不认同新古典经济学的外来冲击造成危机的观点，认为经济危机可以从不同层次来解释，他们从对资本主义特定历史条件下资本积累过程与经济发展过程的统一入手，将经济危机划分为五类，然后进行解释。第一类是外部扰动造成的危机。这类危机是因为某一既定实体的持续经济再生产受到阻碍，或者是与自然灾害相关的短缺造成的，或者是由源于外部事件或战争而导致的经济垮台造成的。这种危机既不是因为调节模式的正常运行出现问题，也不是因为积累体制的衰竭而造成的。第二类是周期性危机。这种危机是在一个既定国家某个时期的主导调节模式内发生的，它只能部分且缓慢地影响主导制度形式，而且它是一个稳定发展模式中调节机制的必要组成部分。第三类是调节体系的危机。与主导调节模式相联系的机制被最终证明不能克服不利的短期趋势，因此在这样的时期出现的危机就被定义为调节体系的危机。当局部不均衡逐渐聚集并不再能被现行社会经济程序处理的时候，调节体系的危机便出现了。第四类是发展模式的危机。这类危机是由达到最本质制度形式的极限以及这些制度形式之间矛盾的产生来定义的。这类危机是由于最本质的经济模式出了问题而导致的危机，比如生产组织、资本增殖过程、价值分配以及社会需求的组成都或多或少存在问题而导致的危机。这类危机是由于经济再生产动态过程受阻的问题而形成的，因而是比较严重的危机。第五类是主导生产模式的终极危机。当一种经济结构达到一种制度形式安排的极限，对现行社会关系集合的最基本层面提出挑战时，这类危机便发生了。这类危机与马克思主义理论中的危机相似。

3. 调节学派的比较资本主义研究

调节学派作为比较资本主义研究中一个重要的理论派别，将分析重点从对资本主义发展阶段转换的研究转向对资本主义多样性的研究，并运用制度层级、制度互补、协调机制等概念，对不同国家资本主义的制度结构和发展模式进行了比较分析。“从马克思主义理论那里，调节理论保留了对资本主义长期演化的兴趣，但是调节理论不接受马克思的继承者们坚持的宏大的资本主义理论。”① 把资本主义特定发展阶段的稳定存在条件及其发展阶段的转变作为研究的核心问题，把资本主义的历史视为连续的阶段，为了对资本主义的结构形式和发展阶段进行理论上的深入分析，调节学派通过一系列中等层次的模型建立起了理论和历史之间的联系，提出了一系列能够把马克思主义政治经济学应用于实际历史的中间概念，并用于研究资本主义的制度和实践。调节学派的资本主义多样性研究，是在批判已有的资本主义多样性理论，把资本主义多样性分析纳入调节学派的概念工具和理论框架中向前推进的。

四、调节学派的政策主张

法国调节学派从其基本理论出发，主张对资本主义的“国家与市场的关系、政府和企业的关系、雇主与雇员的关系、国际经济关系”② 四大经济关系进行调节。

1. 调节国家与市场的关系

虽然“调节学派在国家与市场关系的问题上持后凯恩斯主义观点”，但是他们强调了国家在积累体制中代表社会集

① 张旭. 调节学派的比较资本主义研究及其启示［J］. 山东社会科学，2016（2）.
② 李其庆. 法国调节学派评析［J］. 经济社会体制比较，2004（2）.

体价值并对个人的意志和利益进行调节的观点，认为现代社会的复杂性、社会和技术发展范式的内在要求，以及各国经济发展依赖性的加强更加突出了国家干预的作用。他主张在加强国家干预的同时，通过制度建设规范政府行为，以最大限度地减少寻租活动，充分发挥中介组织和机构的作用，使国家与市场相得益彰。

2. 调节政府和企业的关系

调节学派认为当代资本主义国家调节方式的转变始自 20 世纪 80 年代，其背景是主要发达国家经济进入滞胀时期，凯恩斯主义破产，国家垄断资本主义陷入危机。国家调节方式转变的目标和任务是改变战后经济增长方式，使之适应新技术发展和国际竞争日益加剧的需要。其特点是：在生产和技术方面，强调对资本的集约投资，重视劳动生产率的提高；在企业治理方面，强调内部监督机制；在企业效益评估标准方面，注重企业规模的扩大；在劳资关系方面，采用集体谈判方式决定国民工资标准；在市场竞争方面，强调产品价格由生产成本加边际成本决定。

3. 调节雇主和雇员的关系

调节学派认为雇主与雇员关系的调节对积累体制的稳定具有关键性作用。雇主与雇员关系的调节包括雇佣关系的调节，劳动力使用和管理的调节，工资的调节，国民收入再分配的调节，就业培训、再就业培训、终身教育、分担失业风险的调节。他们认为，为了确保由利润转化而来的投资增长与工人购买力增长相配合，需要实施凯恩斯主义的国家干预政策，保证资本主义企业的雇主与雇员之间建立起较长时期和稳定的合约关系。

4. 调节国际经济关系

调节学派认为国际经济关系的调节包括：保护正常情况下的市场资金的流动，保护消费者；确保银行支付能力，监督支付能力比率和内部控制；处理金融危机，解决银行破产问题，抑制系统性风险扩散。

五、调节学派理论对中国特色社会主义政治经济学研究的借鉴与启示

法国调节学派理论被引入中国后，受到了马克思主义经济学研究领域学者的广泛关注。早期贾根良对学派的起源、研究纲领的形成、分析框架等进行了介绍。李其庆对调节学派的基本理论观点和政策主张进行了全面的梳理和评析。吕守军发表了一系列的文章对法国调节学派的理论体系、危机理论、制度理论、最新进展进行了研究。杨虎涛就马克思经济学对法国调节学派的影响进行了研究。唐正东对调节学派的方法论、货币哲学进行了研究。夏明对调节学派的经济增长理论进行了研究。张旭对调节学派的比较资本主义理论进行了研究。吴易风教授的《当代西方经济学流派与思潮》一

书中，在第9章中全面介绍了调节学派。陈叶盛的著作《调节学派理论研究》（中国人民大学出版社，2012年版），归纳了从20世纪70年代调节学派理论诞生开始，直到当今调节学派理论的发展历程，并对其主要分析框架进行了概括，形成了完整的调节经济思想史概述。吕守军的《法国调节学派理论与马克思主义经济学创新》（上海人民出版社，2015年版）从经济思想史的视角出发，对法国调节学派第一代、第二代学者的理论进行了综合考察，以期全面把握法国调节学派理论发展的来龙去脉，为中国马克思主义经济学创新提供了理论借鉴。近年来，法国调节学派的理论日益受到国内经济学界的重视。

中国经济发展进入新常态的新阶段，2015年11月23日，习近平总书记在十八届中央政治局第二十八次集体学习时的讲话中指出，要立足我国国情和我国发展实践，揭示新特点新规律，提炼和总结我国经济发展实践的规律性成果，把实践经验上升为系统化的经济学说，不断开拓当代中国马克思主义政治经济学新境界。在目前我们研究中国特色社会主义政治经济学、开拓马克思主义政治经济学新境界的过程中，可以从法国调节学派中吸收思想借鉴。

1. 借鉴调节学派的基本理论，研究中国经济发展的新问题

法国调节学派是在马克思主义政治经济学的框架内发展

而来的，他们依据资本主义的新变化，研究了资本主义经济发展的新问题，建立了自己的基本理论。19 世纪中叶，马克思和恩格斯以机器大工业时期的欧洲为蓝本，以资本主义生产方式为研究对象，创立了马克思主义政治经济学。此后，列宁也以资本主义生产方式为研究对象，分析了当时帝国主义阶段的经济特征。马克思、恩格斯和列宁时期的经典马克思主义政治经济学的研究对象是资本主义生产方式，研究任务是揭示资本主义社会的基本矛盾，研究社会主义如何代替资本主义。伴随新中国经济建设和改革开放实践，我国社会主义生产方式不断发展完善。与经典政治经济学时期相比，我国经济发展进入了新阶段，也出现了许多新问题、新情况和新矛盾。借鉴调节学派的理论，开拓当代中国马克思主义政治经济学新境界，需要立足中国国情和经济发展实践，拓展政治经济学的研究对象和研究任务，在研究社会主义初级阶段生产方式的基础上，重点研究社会主义经济发展和经济运行，揭示中国特色社会主义经济发展和运行规律。对于中国特色社会主义政治经济学研究来说，非常重要的就是对我国经济结构转变的理解，必须在分清经济结构转变过程中出现的问题的不同层次和不同性质的基础上，提出相应的对策。调节学派理论可以为我们解决现实问题提供理论指导。

2. 借鉴调节学派的基本理论，概括和总结新材料、新事实

借鉴法国调节学派的理论，开拓马克思主义政治经济学新境界，要重视对新中国经济建设特别是改革开放以来新材料、新事实的研究，进而概括总结为系统化的经济学说。2013 年 6 月 25 日，中共中央政治局就中国特色社会主义理论和实践进行第七次集体学习时，习近平总书记强调，在对历史的深入思考中做好现实工作、更好走向未来，不断交出坚持和发展中国特色社会主义的合格答卷。政治经济学是人们在占有充分的历史和现实材料基础上，运用科学的抽象方法，透过经济现象而探讨其内在联系的科学。它以一定社会生产方式作为自己的研究对象，研究其发生和发展变化的客观规律。借鉴法国调节学派的理论，我们要研究改革开放以来经济建设的新材料。

改革开放以来，我国经济发展取得了举世瞩目的成就，在理论探索上取得了重大成果，形成了许多新材料。例如，在社会主义市场经济发展、初级阶段基本经济制度完善、国有企业改革、对外开放、农村经济改革发展等方面都形成了许多新材料，需要运用马克思主义政治经济学的科学方法，概括和总结其中的规律性，进而上升为中国特色社会主义经济理论。借鉴法国调节学派的理论，我们要研究现阶段经济发展中的新材料。我国经济发展进入新常态，出现了许多新

问题、新情况，也出现了许多新的事实材料，如经济发展从高速向中高速的转换、“四个全面”战略布局的展开、新发展理念的提出、“五化”同步协调发展、政府与市场关系的处理、跨越“中等收入陷阱”的实践等。中国政治经济学的创新发展需要系统概括和总结这些新的事实材料，探索新常态下经济发展和经济运行的新规律，并把它们上升为当代中国马克思主义政治经济学理论。

3. 借鉴调节学派的理论，提炼升华新理论、新话语

理论是对现实生活的反映、对实践经验的升华，理论必然要随着实践的发展而发展。从来就不存在可以脱离特定历史背景和现实生活的普适的经济学。借鉴调节学派的理论，开拓马克思主义政治经济学新境界，要在坚持马克思主义政治经济学基本原理的基础上，依据马克思主义政治经济学与时俱进的特征，依据不断发展变化的经济实践，推动当代中国马克思主义政治经济学创新发展。借鉴调节学派的理论，形成新的理论体系和话语体系。在广泛学习借鉴的基础上，要依据新问题、新情况、新矛盾和新事实，不断提炼形成新的当代中国马克思主义政治经济学理论，包括经济发展新常态的理论，新发展理念的理论，使市场在资源配置中起决定性作用和更好发挥政府作用的理论，推动新型工业化、信息化、城镇化、农业现代化、绿色化协调发展的理论，发展更高层次开放型经济的理论，实现全体人民共同富裕的理论等。

当前，适应和引领经济发展新常态，尤须坚持以中国问题为导向，构建中国版的马克思主义政治经济学理论体系和话语体系。马克思主义政治经济学的科学性集中体现在其立场、方法论和世界观上，而不是一些具体论断上。借鉴调节学派的理论，开拓马克思主义政治经济学新境界，必须克服教条主义，适应时代变化，关注当代中国重大理论和现实问题，加强对中国模式和中国经验的研究，从中国经济改革、发展和运行的事实中概括出具有普遍意义的规律和论断；概括提炼与中国历史、文化、传统、制度和实践相适应，具有中国特色，体现时代特点和世界发展趋势的马克思主义政治经济学概念、范畴、论断和基本规律，形成既体现马克思主义政治经济学立场、观点、方法，又不同于西方经济学，并能同世界对话的政治经济学理论体系和话语体系。

六、《制度经济学》译介

2013 年，法国调节学派的创始人之一罗伯特·博耶（Robert Boyer）教授来西北大学经济管理学院讲学，做了三场报告，在此次学术交流中，我们发现了法国调节学派的理论价值。次年法国调节学派的会议在巴黎召开，国内许多政治经济学研究者和马克思主义研究者参加了大会，我和康蓉老师也投了稿，文章入选了大会，但是我由于其他事务的耽误未能成行，康蓉老师代替我参加了会议，并作了大会发言。

从此，我们就和法国调节学派建立了联系。罗伯特·博耶教授退休以后，他介绍法国里尔一大的弗洛朗丝·雅尼－卡特里斯（Florence Jany－Catrice）教授和我们联系。2016年，我们通过国家外专局聘任弗洛朗丝·雅尼－卡特里斯教授为我院的专家，在我院做了三次讲座，在讲座期间聘任她为我院的兼职教授，我和她就调节学派和中国特色社会主义政治经济学的相关问题进行了对话，其间她送了自己的三本著作给我，我读了以后深受启发，萌生了翻译的想法，于是委托康蓉老师联系翻译事宜，经过紧张的工作，完成了弗洛朗丝·雅尼－卡特里斯教授的《财富新指标》《总体绩效：资本主义新精神》《经济增长值得期待吗》三本著作的翻译工作，这三本书翻译出版以后，在国内产生了比较大的影响，许多马克思主义政治经济学的学者鼓励我们继续进行翻译和介绍。与此同时，弗洛朗丝·雅尼－卡特里斯教授又给我们介绍了几本专著，我们发现这些书内容非常好，在原来三本的基础上，把“法国调节学派译丛”扩大到了多本。最近，罗伯特·博耶教授的《资本主义政治经济学：调节与危机理论》一书的翻译工作已经完成，也将于近期正式出版。2019年在我牵头下，西北大学经济管理学院与教育部人文社会科学重点研究基地成功获批了科技部、教育部“高等学校学科创新引智计划”（111计划）“国外马克思主义经济学与中国特色社会主义政治经济学学科创新引智基地”，这个基地就是以调节学派的学术译丛和 2013 年以来与调节学派的学术联系为基础而申报的。

《制度经济学》是法国调节学派的贝尔纳·沙旺斯（Bernard Chavance）教授的著作，是西北大学经济管理学院翻译的调节学派学术译丛的第四本，也是“国外马克思主义经济学与中国特色社会主义政治经济学”111 引智基地的重要成果。贝尔纳·沙旺斯是巴黎狄德罗大学名誉教授。他的研究重点是对经济体系和制度进行比较分析，他特别出版了《东方的经济改革》（纳唐出版社，1992 年）、《社会主义制度的终结》（拉马丹出版社，1994 年）、《资本主义与社会主义的前景》（发现出版社，1999 年）、《马克思和资本主义：一个系统的辩证法》（阿芒德·科林出版社，2009 年）等著作，翻译并介绍了卡尔·波兰尼的《人的生计》（弗拉马里翁出版社，2011 年）。

《制度经济学》追溯了构成制度经济学大家庭的经济理论的历史。这些理论都试图从有时对立的理论和方法论立场理解制度的性质、作用、起源和变化，并对当代思想做出了重大贡献。制度主义思想的主题包括：连续性与变化之间的关系、个人行为与社会规则之间的关系、制度对经济动力或长期绩效的影响、在历史发展中权力和效率的各自位置。本书除引言外，共有五章内容：

第一章　早期的制度学派。本章论述了早期的制度学派，其中包括施穆勒和德国历史学派，以及以凡勃伦、汉密尔顿、康芒斯和波兰尼为代表的美国制度学派。内容包括：制度、自由与进步，习俗与法律，凡勃伦的演化制度学派，马克思主义与历史学派的局限性，凡勃伦的“二分法”与“二元论”，汉密尔顿的“制度经济学”，康芒斯的组织和制度，波兰尼与作为制度化进程的经济。

第二章　奥地利学派与秩序自由主义。本章介绍了门格尔和哈耶克的奥地利学派以及欧根的秩序自由主义。内容包括：门格尔的组织和实用方法、哈耶克的秩序和规则、欧根的秩序自由主义 。

第三章　新制度经济学。本章主要介绍美国新制度经济学，介绍了威廉姆森和诺斯的著作、青木昌彦和格雷夫两位博弈论学者的著作，还有阿西莫格鲁和奥斯特罗姆两位具有多学科倾向的思想家的著作。内容包括：威廉姆森的治理机制、诺斯的正式和非正式制度、博弈论与比较制度分析、方法论多元化。

第四章　当代欧洲流派。本章介绍了当代欧洲的制度经济学流派中的调节理论、惯例经济学和霍奇森的演化制度学派。内容包括：调节理论的历史宏观经济学、解释规则的惯例经济学、霍奇森与“旧制度经济学”的复兴。

第五章　制度主义的统一与多样性。本章讨论了制度经济学流派或领域的多样性和统一性问题。内容包括：共同的重大主题、显著的多样性、制度经济学的局限性与一般理论。

全书总的结论认为，研究各种各样的经济问题时都必须考虑制度的重要性和影响。构成制度经济学的各种流派，在19世纪末和20世纪初以及20世纪末和21世纪初得到了长足的发展。这个流派拥有一些共同的主题。经济学作为科学或学科，必须考虑并研究制度问题，经济学必须将制度视为其研究领域之内的问题。人们总是对经济学研究中的变化问题感兴趣，但是制度代表着永远处于变化之中的世界当中的稳定元素。制度经济学改变了社会科学之间的传统界限，从逻辑上讲，多学科倾向是制度经济学不同流派的共同特征。

党的十九大作出了中国特色社会主义进入了新时代的重大判断。党的十九届四中全会提出了治理能力和治理体系的现代化问题，治理能力和治理体系是一个制度经济学问题，本书对于我们理解党的十九大和十九届四中全会精神，研究新时代中国特色社会主义的制度建设，推进中国特色社会主义政治经济学的研究都具有重要意义。

《制度经济学》一书的翻译，感谢弗洛朗丝·雅尼－卡特里斯教授给我们的介绍，她在版权授权沟通方面做了积极的工作。感谢西北大学经济管理学院副院长康蓉副教授在我们与调节学派的联系、国家外专局项目的申报方面付出的辛勤努力，罗伯特·博耶和弗洛朗丝·雅尼－卡特里斯教授的几次来访接待、111 引智基地的申报等方面，她都做了大量工作。由于本书原稿是法文版，我们委托吕明慧进行了翻译，在此对译者表示衷心的感谢。同时感谢西北大学学科办、国际交流合作部、法语联盟在此项工作中的支持。而且感谢中国经济出版社贺静编辑的辛勤工作。

2021 年 1 月于西北大学

目 录 | CONTENTS

引　言 | INTRODUCTION

制度学派

制度经济学作为一个理论学派，认同制度在经济学研究中的重要地位，甚至认为制度是经济学研究中值得思考的基本问题。该学派的观点与诸如政治学、社会学或历史学等学科的理论观点截然不同，这些学科认为经济学不需要考虑制度因素。

在几乎整个19世纪，英国古典学派都占据了主导地位，尽管这一学派对经济制度中的产权研究很感兴趣，认为其决定了阶级构成或国家立法的性质和范围，但是实际上，有着不同理论观点的传统古典学派第一次将制度分析引入经济学。德国历史学派和美国制度主义［赫多因（Hédoin），2014］①的思想在19世纪末和20世纪的前30年有着巨大的国际影响，尤其是在美国，制度主义对于学术界和罗斯福新政的制定者都具有强烈的吸引力。但是，从其起源来看，奥地利学派在

① 括号中的引文指向书末的参考书目。

与历史学派的长期辩论中拓展了制度分析的维度。

然而，从20世纪40年代起，起源于美国的“新古典主义”运动获得了无可争辩的国际地位，几乎摒弃了制度主义分析传统。根据新古典主义的研究方法，作为一门学科，最终主导整个20世纪的经济学的中心议题依然是市场：其分析建立在理性、审慎、利己的个体行为的基础上，并主要关注效率问题。制度问题和经济过程中的历史分析被减少到最低程度，有时甚至被完全忽略。尽管对制度问题的关注仍然出现在诸多分支学科中，如劳动经济学、产业组织理论、大企业分析以及发展经济学，但是毫不夸张地说，20世纪下半叶的经济学主流学派几乎完全有意识地忽略了制度分析。

在20世纪的最后20年，不同经济理论之间复杂的关系逐渐发生了变化［霍奇森（Hodgson），1994］。一个充满活力的、具有新古典主义传统的、同样源于美国的“新制度经济学”诞生了。该学派提出了不同于“旧制度经济学”的假设，强调制度的重要性，如产权制度，或者像市场和公司等级制度那样的可替代的“治理模式”的重要性。同一时期，最早的制度主义学派(“旧制度经济学”)在美国本土复兴，但是主要在欧洲发展壮大。一些创新思潮如演化经济学，都显示出了与这一传统学派的紧密联系。最后，伴随着20世纪末新自由主义的复兴，奥地利学派的复苏使得沉寂已久的另一个制度经济学分支重新活跃起来。显然，历史环境对于这一演变过程有着重要的作用。20世纪80年代以来资本主义世界制度变革的规模、经济危机，以及部分社会主义制度的危机和转型、发展中经济体经济发展的巨大差异，所有这些变化都与制度经济学的演化息息相关。面对这些社会现状，均衡分析范式和传统的不变假设分析都显得无能为力，客观上需要引入制度分析。此外，伴随着新古典学派的衰落和制度分析的复兴，新古典学派努力拓展方法和概念，对制度问题进行研究，并体现在诸如公共选择理论、产权理论、法经济学、制度经济学、契约理论、委托—代理理论等理论的研究中。

21世纪初期，关于制度在经济分析中的作用，各种经济学流派之间在理论和方法论上的冲突呈现出一些截然不同的形式。一种具有广泛性的新的共识再度占据主导地位，也就是说，在经济学分析中，制度很重要。二三十年前，如果一位经济学家宣称自己是制度主义者，那他一定是做好了被嘲笑的准备，如今制度主义却非常流行。当然，不同流派之间的理论、方法、概念的差异依旧十分重要，而且通常是不可简化的。但是我们也注意到，在不同流派间，正统学说与非正统学说之间的界限正在被重新划定。一般来说，考虑到我们所生活的时代里经济学说面临的各种问题，制度经济学领域的各种流派所表现出的生命力是一个相对令人鼓舞的信号［沙旺斯（Chavance），2007］。

本书旨在介绍制度经济学的各种重要流派，以便读者对制度经济学这个大家族中的主要作者和流派的经济理论有更好的了解和更深入的理解。当然，本书的介绍并非详尽无遗，读者可以依据本书末尾的参考书目中列出的参考文献进行补充性阅读。本书采用的方法是重点介绍某些作者或流派。

第一章介绍了早期的制度学派，包括施穆勒（Schmoller）的历史学派，以及凡勃伦（Veblen）、汉密尔顿（Hamilton）、康芒斯（Commons）、波兰尼（Polanyi）的美国制度经济学。第二章介绍了门格尔（Menger）、哈耶克（Hayek）的奥地利学派，以及欧根（Eucken）的“秩序自由主义”。第三章介绍美国新制度经济学，包括威廉姆森（Williamson）和诺斯（North）的著作、青木昌彦（Aoki）和格雷夫（Greif）的博弈论，还有两位具有多学科倾向的思想家阿西莫格鲁（Acemoglu）和奥斯特罗姆（Ostrom）的著作。第四章介绍当代欧洲各流派思想，包括调节学派、惯例学派和霍奇森的演化制度学派。最后一章讨论了制度经济学流派或领域里存在的共识与分歧。

第一章

早期的制度学派

第一节 施穆勒和德国历史学派

古斯塔夫·冯·施穆勒（Gustav Von Schmoller，1838—1917）是“德国新历史学派”的主要人物，其思想是制度主义学派中重要的却常被忽视的思想渊源。他是“国家经济”（Volkswirtschaft）道路的推动者，也是开明君主（即普鲁士国王）领导的社会改革的捍卫者，同时又是曼彻斯特学派自由主义和社会主义的反对者。在经济思想史中，他与门格尔的方法论之争［拉布鲁斯（Labrousse），2009］很有名，而此后他的经济思想却经常被歪曲或遗忘。

一、制度与组织

在他的《政治经济学原理》（1900—1904 年）一书中，施穆勒认为，对不同国家不同时期的政治经济学的比较研究，除了要关注自然和技术条件之外，还必须关注“制度和组织”（后一个概念接近于组织机构的概念）。“对于社会有机体而言，对机构和制度的研究就像解剖学对身体结构的研究一样”。仅仅关注价格和流通的“旧”政治经济学“就像是生理学研究仅仅关注身体的液体循环，而并没有解剖社会有机体一样”（施穆勒，1900：156）。

“通过具有政治、法律和经济属性的制度，我们强调的是在社区生活中的某一特定时刻为特定目的服务所作出的安排。这一安排实现了它自身的存在和发展，为历经数百或数千年连续几代人的行为设定了一个框架或模式”（施穆勒，1900：149）。例如，制度包括财产、奴隶制、农奴制、婚姻、市场、金钱和工业自由。因此，一种制度代表“一套习惯和道德规范、一套习俗和法律，它们有一个共同的中心或目的，互相支持，并构成一个系统”。组织机构（或有机组合）的概念与制度的概念直接相关：“通过组织（Organbildung）的构成，我们理解的制度的个体层面为：婚姻是制度，而家庭是组织机构（Organ）。社会组织机构是人和物的联合为了达到某个特定目标而采用的稳定形式：氏族、家庭、社团、行会、协会、社区、企业、国家，这些都是社会生活中的重要组织机构”（施穆勒，1900：150）。

历史上最早的组织机构是部落、氏族、家庭等社区组织机构。在早期，随着这些社区组织机构的分化和分离，产生了其他社会组织机构，如具有公共利益目标的空间组织机构

（村、城市、国家）和以利润为导向的私营企业。文化的发展伴随着不同组织机构的扩展，“与此同时，最常见的是出现了自发性组织机构，其周围出现了人为建立的组织机构”（施穆勒，1900：150）。我们同样还将在门格尔的理论中发现自发（组织的方式）形成的制度与人为（实用的方式）建立的制度之间的区别。

施穆勒注意到，社会越复杂，“一个人成为各种各样社会组织机构成员的可能性就越大，他有时永远属于这些组织机构，有时只在某一段时间内属于这些组织机构；有时与他所有的利益相关，而有时只与他的一部分利益相关”（施穆勒，1900：151）。在组织机构内部，支配与依附关系或者友爱关系得以建立。但是在大型组织机构中，存在着高于个体的权威力量，这种权威力量不会因为人员的更替而变动，从而使得这些大型组织机构可以长久地存在。施穆勒强调，从方法论的角度来看，“当我们考察整个社会、秩序、基本方向时，对社会组织机构的关注并不亚于对个体的关注”（施穆勒，1900：132）。

二、制度、自由与进步

与研究国家和法律的不同学科一样，研究社会和经济的不同科学也往往高估或低估了制度和组织形式的作用。重商主义、官房学派以及像霍布斯和腓特烈大帝这样的思想家都重视制度、国家和法律。革命推翻了这一做法，自由主义学说支持个人以及个人相对于国家和国家制度的自由。但是，这种个人自由主义混淆了对过时制度的摒弃与不想要任何永久制度的事实。尽管契约确实经常取代制度，但除了制度之外，人们仍然会看到“大量新的组织形式和社会制度出现”（施穆勒，1900：155），这一点值得庆祝。至于社会主义，它起初给予了自愿制度和组织形式很高的价值评价，然后在乌托邦的思潮下拒绝现存的国家及其制度，以符合社会主义民主学说。

在施穆勒看来，理想的社会状态是制度的促进因素，而并非阻碍因素，“在这个社会中，固定制度与自由个人互为补充、互惠互利……，制度不会毫无理由地阻止个人的行动，相反，制度会推动个人向他所希望的发展方向前进”（施穆勒，1900：155）。最后，他提出了一个相当积极的制度观点，“它们是已经形成的客观方法，是几个世纪的经验和智慧在合理、公正地处理实际关系方面所找到的最佳准则”（施穆勒，1900：155）。如果说历史上经济的进步确实表现为商品的极大丰富，那么也只有在“更好的制度下与更复杂的组织形式下才会出现”（施穆勒，1900：156）。伟大的进步时代是制度改革和新机构创建的时代，就像新出现的公司、工人协会、股份公司、卡特尔、工厂的劳动立法和保险组织。

三、习俗与法律

在施穆勒看来，道德、习俗和法律之间存在本质的联系。习俗产生于习惯和实践，然后通过道德情感转化为惯例。每个惯例都可用风俗的历史来解释，“这是一个复杂的结果，各种不同的思想和原因综合在一起发挥作用。道德判断与道德情操、物质需求与目的、旧的定式、宗教幻想、错误观点、对原因以及对个人和社会有用的事物的正确理解，所有这些都促成了这个结果”（施穆勒，1900：123）。在美国制度学派中，有类似的论题讨论制度的矛盾性。

习俗和道德规则对经济生活非常重要。一个人在理解这一问题时，若仅仅关注物质、技术和数量层面，他将“无法准确地理解是什么给予了经济生活色彩和它独特的一面”。从历史上看，法律（审判）不同于习俗（道德）之处在于：法律赋予了经过明确与合理化的规则以制裁的权力。但是习俗领域总是超出限度并超出正式法律范畴，习俗领域并没有一个坚定的执法者。在人类活动的大多数领域，习俗与法律并存：婚姻、家庭生活、商业关系、经济组织、社交和政治生活“都有其惯常做法和法律”（施穆勒，1900：123）。习俗的强制性基于公众舆论，法律基于国家力量，道德基于良心。

一般来说，道德比习俗和法律更灵活；“由于法律和习俗的严格，道德的适应能力总是随着时间的推移而消失”（施穆勒，1900：129）。

因此，20 世纪初，以施穆勒为代表的德国新历史学派阐述了几个美国制度学派的重要议题：除了整合历史方法和理论方法的努力之外，还有关于制度与组织的关系、自发形成与有意建立的制度之间的区别、习俗与正式法律之间的关系，以及制度使得知识和无知都得以明确的思想。

第二节 凡勃伦的进化制度学派

托尔斯坦·凡勃伦（Thorstein B. Veblen，1857—1929）是"制度演变的经济研究"领域的代表人物之一。他是一位非同寻常的人物，留下了极具独创性和具有惊人力量的作品，需要我们努力解读。

凡勃伦的主要著作

《有闲阶级论：关于制度变迁的经济研究》，1899 年（法语翻译《有闲阶级论》，1970 年）。

《企业论》，1904 年。

《工艺本能和工艺状况》，1914 年。

《帝国主义德国和工业革命》，1915 年。

《美国的高等教育：商人治理下的大学行为备忘录》，1918 年。

《科学在现代文明中的地位》，1919 年。

《既得利益与大众》，1919年。

《工程师和价格制度》，1921年（法语翻译《工程师和资本主义》，1971年）。

《所有权缺失与近代商业企业：美国案例》，1923年。

《托尔斯坦·凡勃伦的基本著作》（查尔斯·卡米西和杰弗里·霍奇森主编），2011年。

一、非“达尔文”理论的谬误

凡勃伦对已有经济理论的批判主要在于他认为这些理论具有“前达尔文主义”的特征。在凡勃伦看来，达尔文主义并不仅仅是生物进化论，更重要的是它代表了“进化科学”的一般模式，已经影响了19世纪末的许多学科（除了经济学）。

凡勃伦是“新古典主义”这一术语的发明者，他通过这一术语来描述“现代的古典概念”，尤其是指马歇尔的那些概念。这些对于他来说具有批判性内容的表达之后被“新古典主义”学者所采用。这一术语强调古典学派与19世纪末（以及20世纪）发展起来的理论之间的连续性，尽管凡勃伦并没有忽视“经济学”主要流派经历的变化（凡勃伦，1899—1900）。我们注意到，凡勃伦强调凯恩斯使用“古典”这一术语指称的古典学派以及我们习惯于将其定义为“新古典主义”这两个传统学派之间的连续性；相反，马克思主义以及后凯恩斯主义则强调古典学派与新古典主义之间的决裂。

凡勃伦不但批判了英国古典学派的目的论的方法、对路径的假设和功利主义，而且批判他们混淆了规范分析和实证分析。古典主义传统首先是“分类学”式的，它仍处于区分各种类别的阶段，完全没有“遗传”或进化论的成分，而是找到了经济的原始阶段来证明其规范地位。至于新古典主义作者，虽然他们表面上参考了进化论，但他们关于经济均衡法则的概念也仅限于静态的方法，这使他们无法用不透明的非目的论的“累积因果序列”方法来思考问题，然而这在凡勃伦看来，正是后达尔文主义进化科学的基础。他们重视经济条件造成的限制，而不关注制度变化导致的人类活动的累积转变和多样化（凡勃伦，1898：177）。制度因素被“认为已经给出，或被否定，或有关它们的解释被排除”（凡勃伦，1909：233）在学科之外——需要注意的是，这里清楚地列出了制度主义被排除于经济学科之外的三种情况。

凡勃伦对边际主义学派（他称之为享乐主义）的功利主义的批评也相当著名。他认为，在这种方法下，人被视为“在冲动的作用下，在快乐与痛苦之间快如闪电般地来回摇摆，既渴望幸福，却又触及不到；既无前因也无后果；构成了一个孤立的、确定的人类数据，处于稳定的均衡状态，除非存在来自不同方向的力量冲击它”；人们的生活往往不是一个主动的过程，而是在外力的作用下运动的过程（凡勃伦，1898：73）。奥地利学派和英国经济学家的根本性错误在于他们假设了“一成不变的、被动的和无生气的人性”（凡勃伦，1898：73）。即使在当今社会，“经济人”的人性假设仍然以功利性和理性为主要特征，需要进一步解释在选择性适应的条件下通过何种进化过程这种人性才能得以存在。

最后，凡勃伦对他所处时代的理论进行了批判，勾画并预测了 20 世纪大量的非正统理论对主流经济思想的质疑，特别表现在以下几个方面：对于规范性假设所起的隐含作用；以物理科学和力学模型表达的基于均衡的概念，与首先关注受普遍进化科学启发的变化的观念之间的对立；对人性的特征假设是由外力影响造成的，不可改变，这些假设将人简化为理性的、只考虑个人效用的计算器；最后，忽略了制度在实际经济生活过程中的重要作用。

二、马克思主义与历史学派的局限性

尽管深受马克思主义思想的影响，凡勃伦仍然批判了这一思想，这种批判在凡勃伦理论中是少有的：他在阶级斗争理论中保留了理性主义和功利主义的观点，认为不同阶级根据他们自己的利益以理性的方式行事（凡勃伦，1906：441）。但是，在达尔文主义的方法中，工人阶级的利益并不必然导致与资产阶级的对抗；相反，工人阶级“服从于雇主的训练”（即受思维习惯的影响）可能促使他们接受已建立起来的服从制度和不平等的分配制度，认为这些制度是公平和优越的。此外，凡勃伦所持的论点是反对将个人视为仅仅是一个独立的社会存在，只为社会法律服务。最后，他特别强调了马克思主义历史观特别是资本主义观念中存在的新黑格尔主义目的论，他将其描述为浪漫主义和前达尔文主义。

凡勃伦还批评了德国历史学派的描述性方法，认为这一方法只是列举数据并简单叙述工业发展，并没有提出真正的经济理论（凡勃伦，1898：58）。具有讽刺意味的是，这种批判后来变成了驳斥制度主义学派自身的老生常谈。然而，对于凡勃伦来说，这一批判特别适用于“旧历史学派”，而施穆勒的研究与达尔文理论的进化制度主义相近，在性质上是“遗传的”，而不再是黑格尔式的。然而，施穆勒的局限性在于，他没有区分理论反思与对社会改革的关注（凡勃伦，1901a）。凡勃伦著作的一个矛盾是，隐含的规范性姿态在他身上很常见；与康芒斯不同，他确实忽视了任何改革派所关心的事情。

尽管如此，施穆勒与新历史学派对凡勃伦思想和美国制度学派都有着重大的影响。

三、经济学科学演化实例分析

凡勃伦明确地表述了美国制度学派的一个重要特征：制度的中心地位与首先考虑经济变化过程的进化论方法之间的联系。尽管他借用美国实用主义哲学［代表人物有詹姆斯

(James)、杜威（Dewey)］中的“思维习惯”概念来定义制度，但正是从达尔文主义一般理论和方法论的角度，他才会在斯宾塞的影响下采用了非目的论的“进化”范畴。

19世纪末期，凡勃伦（1898）强调经济学还没有成为一种进化科学，换句话说，还没有成为基于累积因果关系（cumilative causation）的理论，这种理论关注没有起源、最终目的和终结的顺序过程或进程。“累积因果”是经济学家们在制度学派的影响下采用及发展起来的概念，如经济学家阿林·杨格(Allyn Young)、冈纳·缪尔达尔（Karl Gunnar Myrdal）或者尼古拉斯·卡尔多（Nicholas Kaldor)。另外，在传统概念中，(自然）法则、均衡和扰动因素的概念最终形成了一个关于事物之间正常关系的“经济分类系统”(凡勃伦，1898：67)。

一个进化经济理论必须要以经济行为为主题。个人生活表现为“在某种目标下展开的行为”，换言之，个人行为旨在实现目标，但这些目标并非一成不变。个人经济行为是“为了达到某些目标而出现的方法适应的累积过程，随着过程的继续，这些目标以累积方式改变，当事人及他所处的环境始终是最后一个过程的结果”(凡勃伦，1898：75)。而预先订立的目标可能存在“合法趋势”的观点，即古典和新古典经济学的规范性目的论方法，是与进化思想相悖的，因为进化思想是“用过程自身来表述的经济制度的累积序列理论”(凡勃伦，1898：77)。我们认为，制度变革对长期经济活动来说是内生的。

根据凡勃伦的观点，现代科学用“遗传方法”研究“发展的动力和发展的序列问题，并通过找出发展的实现方式和原因来理解发展的结果。其目的是在因果关系下在理论结构内部组织社会现象”[①]。

四、制度的性质和起源

总的来说，社会，特别是经济，是制度的进化组合。因此，凡勃伦试图建立的进化经济科学以制度为中心，而制度是社会共同体内主要的惯性思维和行动体现，其本质特征是相对于社会发展的惯性：产生于过去并被继承下来。“制度是过去的产物，它适应于过去的条件，因而永远无法完全适应当前的要求”（凡勃伦，1899：126）。然而，制度本身又来自生活习惯。“但是，思维习惯来自生活习惯。无论日常生活的规律是否直接受到个体教育的影响，制度的作用都在于改变人类生活，并使人们在其中继承下来相关制度”（凡勃伦，1901b：121）。

五、本能与习惯

制度或思维习惯的形成是在不同层次和时间的进化过程中的错综复杂的相互作用的结果。其中，最深的层次是本能

① “Review of Pure Sociology ”（1903），摘自霍奇森，2004：152。

层次或遗传倾向层次，这是人类在长期的生物界和社会历史中选择的结果。根据凡勃伦的观点，这些本能可分为两个方面：一方面是为了社会的利益而相互依存的有利的习性；另一方面则是违背整体利益的同样连接在一起的有害或有问题的习性。然而，在不同的历史时期，两组本能会相互影响或“感染”。

凡勃伦论述的本能

凡勃伦使用的术语根据它们的独特性有各种翻译。

1. 对群体有益的本能

工作本能：工人、工匠的干得好的工作本能，或有效工作的本能。

父母本能：父母对人类的关注、团队精神、社区意识、社会同情的本能、群居倾向。

随意的好奇心：无私或无端的非功利主义的好奇心。

2. 对群体有害的本能

掠夺性本能：掠夺性本能。

攀比倾向，包括恶意攀比：竞争的本能，战斗中的运动倾向；通过等级进行诋毁比较的倾向。

利己主义本能：自私的本能。

在进化的第一个层次，工人本能或工匠本能与掠夺性本能之间存在着尖锐的对立。进化的第二个层次是习惯的层次，这些思维和行为方式是在特定的历史和物质环境中形成的，尤其是在特定的技术环境中形成的；习惯既体现又改变了本能的倾向，从而构成了制度的基础，可以被视为进化的第三个层次。因此，“人类生活的习惯因素持续不断地累积和改变，使得制度不断地发展和扩散。制度结构不断发生变化，并对文化产生了影响，以应对人们生活规范的变化，但人类的本性始终保持不变”（凡勃伦，1914：12）。

六、凡勃伦的“二分法”与“二元论”

在凡勃伦的论述中，他经常使用“二分法”这一概念描述所发现的技术和制度之间的对比互动。技术来自工作本能和随意的好奇心，是动态变化的；而制度相对具有惰性，拒绝改变。这一概念令人联想到马克思关于生产力和生产关系的辩证关系的理论，但有几点明显的区别：根据马克思的理论，历史是生产力与生产关系时而发生冲突、时而和谐一致的连续时刻，它是一个对抗的动态系统发展的结果；生产力的范畴比技术更广泛（还包括自然条件、工人技能、生产组织等）；尽管生产关系是一个与制度相似的概念，但它显然只局限于生产领域。后来一些美国制度主义者，特别是埃德温·克拉伦斯·艾尔斯（AYRES，Clarence Edwin，1891—1972），深入阐释了凡勃伦的“二分法”，同时提高了这一概念的通用性，将其总结为技术方面和活动“礼仪”之间的对立。

然而，在凡勃伦的理论中，存在很多二元对立式的论述，它们根源于本能的冲突。正如我们已经指出的那样，这些二元对立属于对立的两个分类，特别是工作本能与掠夺性本能的对立。这两个基本的习性在不同的制度和历史背景下呈现出稳定而丰富多彩的形式，凡勃伦将其总结为连续的进化阶段。在原始阶段，工作本能较为普遍，因为在初级技术水平条件下，生存本能要求有选择地重视生产活动。当技术进步使得产品出现剩余时，进入野蛮阶段，掠夺性本能占主导地位。随后的阶段是"准和平"的手工业生产阶段，以工匠之间的自由竞争为标志，表现出掠夺性本能的下降和工作本能的复苏。最后，在与现代资本主义相对应的机器时代，掠夺性本能再次盖过工作本能而占上风。但是，根据凡勃伦的观点，制度进化具有非目的性，不存在自然法则和一般规律，因此无法预测本能冲突的发展趋势（凡勃伦，1899、1914）。

各种二元论相互作用，最终导致了典型资本主义工业与商业之间的对立。凡勃伦将后者描述为建立在大型机械工业之上的系统，受建立在为了利润而进行投资基础之上的商业原则的驱动。于是，工业因素和经济（或商业）因素之间的对立形成了：前者对应于面向物质服务或"实用性"的实际过程管理（服务能力）；后者以交换价值为目的。受掠夺性本能支配的经济维度阻碍了工作本能主导的工业活动。

因此，"构建经济结构"的资本主义制度可以分为两类："根据它们是否服务于经济生活的两个不同目的中的一个或另一个……获取商业利益范畴和生产范畴”；它们是“金钱和工业制度”或“服务于两种经济利益的制度，旨在激起欲望的制度和不激起欲望的制度（服务于令人反感的或不令人反感的经济利益）”。第一类涉及“商业”；第二类涉及“工业”（凡勃伦，1899：136－137）。

然而，机械化，特别是工人和工程师在实践中所产生的习惯和纪律，发展了因果关系的概念，与自然法则的传统观点相反，会激发社会化倾向，可能会质疑作为旧制度的私有权（凡勃伦，1904、1921）。

七、制度变迁

凡勃伦肯定了技术与本能及习惯之间的相互作用。技术在本质上是动态发展的，而本能及习惯反映了制度的选择与变迁。他的理论不同于19世纪的渐进式单一线性进化论，他不但强调制度惰性和对旧制度特征的传承，而且还强调借用更先进社会的技术和跨越某些进化阶段的可能性（在他关于帝国主义德国的著作和关于日本的文章中有所体现）；他的理论的不同之处主要在于拒绝任何形式的目的论。

经济生活的需求不断变化，尤其是在不断变化的技术所要求的“规律”的影响下，人们形成了思维和行为习惯，还形成了相互作用和相互促进、延伸到社会生活的各个领域、被纳入法律并获得一定的持续时间和某种惰性的社会习俗。

重要的是，要通过将非正式制度编入法律来强调“非正式”制度正规化（在这里使用诺斯的术语）的论点，指明产权构成了凡勃伦的原始制度。

这些制度代表了“习惯的延伸”，而“文化的发展是习惯的累积序列，它所采用的方法和手段是习惯对不断和累积变化的要求的反应”（凡勃伦，1909：241）。

制度的滞后性意味着“历史上存在大量陈旧的制度在生活和文化方面获得成功的例子，这些例子有很大的影响力，而不是那些人们摆脱令人绝望的岌岌可危的制度并通过他们本能的洞察力获得更好生活的事例”。凡勃伦对制度主要持怀疑和批判的观点，但同时也强调了制度在经济和社会中的重要作用。

八、累积的因果关系

累积的因果关系的概念是凡勃伦演化制度主义的核心。它首先意味着一种有序的变化方法，表现为时间上的不可逆转性和连续转换的累积特征。20 世纪末演化经济学家提出的“制度轨迹”或“进化路径依赖”的概念可以看作是对凡勃伦概念的延伸或重现。凡勃仑方法论中关于自我强化的观点和收益递增的补充说明，显然与某种“递归因果关系”［使用埃德加·莫林（Edgar Morin）的表达］相一致。其与因果关系（因 → 果）的线性和确定性概念不同，递归因果关系可以通过结果对原因的反向影响作用来定义：

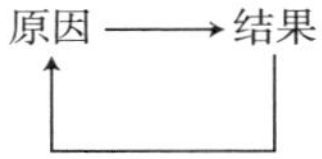

这种形式的因果关系出现在一个论点中，即制度构成一个对象，但也是进化过程（下文中详细论述）中的一个选择因素。与个人主义和方法论整体主义（或集体主义）不同，凡勃伦将递归因果关系应用到个人与制度之间的关系中。制度是个人行为的结果，又反过来会制约个人行为，因此，任何方法论的简化主义，无论是仅仅基于个人还是基于制度，都必须抛弃。“制度框架的发展和变化是集团成员行为的结果，因为正是通过个人的习惯和经验，制度才得以建立；而基于同样的经验，这些制度指导并界定了行为的目标和结果”（凡勃伦，1909：243）。科学研究“必须关注个人行为并以此形成理论结论”（凡勃伦，1909：243）。在分析个人行为时必须考虑心理机制的作用，但这些机制包括制度运作：“今天事物的状态通过选择性和强制性的过程形成明天的制度；今天的状态影响人们看待事物的习惯性方式，并且改变或强化了从过去继承下来的观点或态度”（凡勃伦，1899：126）。正如霍奇森（2004）所强调的，在凡勃伦看来，个人的“偏好”是通过制度的进化作用内在地实现的，而不是通过构成个人行为的外在的、无法解释的和最终神秘的数据来实现的。

九、制度的进化性选择

凡勃伦不仅使用了达尔文的进化概念，他还借用了自然选择的概念，将生物学领域的这一概念应用于制度领域。“社会结构的进化一直是制度自然选择的过程。……制度本身不仅是形成主流态度和精神能力的选择性和适应性过程的结果；同时也是特殊的生活和人际关系的方式，因此它们又是选择的有力影响因素”（凡勃伦，1899：125）。这种单一的“自然选择”，或者说是无意识的和非目的性的筛选的单一过程，根本没有“最恰当的选择”［斯宾塞（Spencer）引入的概念］，换句话说，就是没有最合适的制度，因为制度惰性意味着面对生活必需品的快速变化，选择性适应总是会出现时滞。凡勃伦往往批评并怀疑一般制度，特别是“陈旧的制度”，如“有闲阶级”，他的论点与社会达尔文主义的论点形成了鲜明对比，社会达尔文主义与达尔文自己的观念不同，他们在19世纪末将（社会）选择解释为一种完善或优化的盲目过程。

制度具有双重特征：一方面，制度是选择过程的对象；另一方面，制度在另一个层次上又是选择的影响因素。这种二元性解释了制度对个体变化（即适应）过程的影响：“不断变化的制度，会使具有最合适秉性的个人作出新的选择；新形成的制度赋予个人更适合的秉性，使其面对变化的环境具有更好的适应性和习惯”（凡勃伦，1899：125）。因此，我们观察到社会环境的变化以及制度的形成和选择共同进化、相互决定，过程极为复杂，我们可以称之为制度的“辩证法”——如果凡勃伦不因为这一术语属于黑格尔派而拒绝这一术语的话。这种辩证法与人类最深层次的本能相互作用，它们之间相互矛盾，但在历史的范畴中却保持着稳定。

第三节 汉密尔顿："制度经济学"

沃尔顿·汉密尔顿（Walton Hamilton，1881—1958）是深受凡勃伦影响的经济学家，是两次世界大战期间美国制度经济学的重要拥护者［拉瑟福德（Rutherford），2011］。他的教学为制度经济学的广泛传播做出了贡献；他的许多学生于"新政"期间或二战后在联合国和国际劳工组织中（International Labour Organization，ILO）发挥了重要作用。

一、对制度经济学的推进

在1918年美国经济协会（American Economic Asssociation，AEA）年会的纲领性发言中，汉密尔顿第一次使用了"制度经济学"这一术语，引用了坎南（Cannan）、凡勃伦、米切尔（Mitchell）和霍布森（Hobson）的学说［汉密尔顿（Hamilton），1919］。他使用了制度经济学，以区别于亚当·斯密

（Adam Smith）以来占主导地位的“价值经济学”。在几个具有决定性意义的观点上，与“新古典经济学”相比，制度经济学是一门更具前景的学科理论。它能够将经济科学统一起来，因为在概括地描述经济组织时，它“阐明了包含货币、保险和公司财务等特定事物的工业世界”：制度经济学通过强调它们在更大的整体中的作用来揭示它们的本质。它回应了“控制的现代问题”，表明制度构成了可能改变的社会安排而不是自然现象，并且强调意识活动受到习俗和思维习惯的控制。需要注意的是，“控制”这个主题并不是单纯属于凡勃伦主义的，它与集体行动概念一起更多地出现在康芒斯的理论中。

汉密尔顿认为，制度经济学强调经济理论的真正对象是制度，它关注的是“过程”，而不是均衡。竞争、所有权、价格结构等制度都处于发展过程中，因为“这些制度与其他制度的关系在发生变化，同时，这些制度内部也在发生微妙的变化”。最后，制度经济学以可接受的人类行为理论为基础，参考了强调冲动和本能作用的现代社会心理学，而不是新古典经济学的具有讽刺性的理性个人主义和功利主义。制度经济学从制度环境的差异中寻求个人行为差异的主要来源。

对于汉密尔顿来说，制度经济学本身就处于发展过程中。它并不否认古典学派、新古典学派、奥地利学派、社会主义学派的重要贡献，而是试图将它们纳入适应时代问题的经济秩序理论中（汉密尔顿，1919）。

二、社会习俗与习惯

在《社会科学百科全书》（1932）的一篇概括性文章中，汉密尔顿受凡勃伦的启发，给出了制度的概念，他的表述非常精到。他认为制度是“社会习俗的整体”，指的是“一种相当常见和持久的思维或行为方式，这种方式融入了一个群体的习惯或一个民族的习俗中”（汉密尔顿，1932：84）。制度的同义词是程序、惯例、安排、风俗。“制度对人类的活动设定了限制，并规定了形式”。文化代表各种制度的集合，每一种制度都确定了一种行为类型，并界定了一项活动或其补充活动的“容忍区”（英文版译作“公差带”）。汉密尔顿给出的制度实例表明了这一概念广泛的应用范围：他引用了一系列非正式的制度，如普通法、高等教育、文学批评、田径运动、道德准则（因为它们涉及制裁并设立了禁忌），正式制度如政府、教会、大学、公司、工会等（对其成员发布指令，实施处罚和行使权力）所制定的惯例。与市场、葬礼、礼拜、禁食、工作生活、性联盟一样，汉密尔顿也将货币经济、传统教育、连锁商店、宗教极端主义（英文版译作宗教激进主义）和民主视为制度。

凡勃伦倾向于对制度的批判性诠释，而汉密尔顿则发展了重要的制度矛盾性的思想，他重提制度惰性这一主题并坚持认为即使当年促使人们建立某一制度的那些问题已经消失，这一制度仍会存在，并且能够发挥与它建立之初完全不同的作用。制度事实上包含了“一个民族的知识和无知、希望和恐惧”（汉密尔顿，1932：84）。制度倾向于适应文化和背景的变化：“一种制度存在时间的长短取决于其适应能力。但在其变化中，不和谐的因素总是存在；在不同的习俗达到协调之前，它已经开始瓦解”（汉密尔顿，1932：86）。同样，将一种制度引入不同的社会必然引起制度的转变：“制度的核心从其发源地的文化中解放出来，适应了其被引入社会的习俗”（汉密尔顿，1932：86）。

三、制度转变

尽管制度通常在偶然的、一定的地区和一定的时代环境下产生，但它仍然可以获得持久的意义和广泛的影响。例如，《谷物法》的废除在当时的特定环境下发生，因其成为自由贸易的一般政策而闻名。旧的规则发生改变以服务于新的用途，就如同历史上人们对基督教圣经作出的不同解释。这种制度的“转变”甚至可以引发完全的逆转。因此，“一个禁欲者的团体转变为一个富有的修道院；为君主制辩护的社会契约理论转变为推翻君主制的武器；致力于个人自由的政党转变为捍卫财富的执政党；而试图解放思想的哲学转变为奴役思想的哲学”（汉密尔顿，1932：86）。事实上，制度倾向于偏离既定方向，制度的特点是倾向于偏离建立它们的人的原始意图。

矛盾的是，制度转变也与惰性有关。一种非正式制度的形成建立了为其提供支持的习惯、想法和兴趣。如果非正式制度转变为正式制度，它的组织和成员可能发展出盲目崇拜性质的教会、法规，并发展出仪式化的特征。虽然一种制度最初只是代表“对社会问题的解答”，但利益和妥协最终会使制度变得僵化，因此只能通过革命或废除它来替换。汉密尔顿还坚持认为，一种制度往往会激起关于其合法性的论证，这些论证更多地源于合理化而非理性。“这种我们称为资本主义的错综复杂的事物从来就不是通过设计创造出来的，也不是从一种模式中创造出来的，但现在它已经存在，当代学者已经将其智能化，使其成为一种有目的的、自我调节的、为大众谋取福利的工具”（汉密尔顿，1932：87）。

作为一种有生命力的事物，制度是综合性的。它既包含着设计和偶然的痕迹，又包含着不同时期、不同社会和不同文明的思想和习俗的痕迹。要理解其含义，有必要采用遗传方法（制度方法），但即便如此，也不能完全解释它存在的所有方式。

四、制度的矛盾性

汉密尔顿的研究结论强调了制度的复杂性或矛盾性，即“在不断发展的文化中倾向于一个目的的秩序和方向的不完善的代理者”。“意图和偶然共同导致了制度的产生；制度将其行为模式强加于人类活动之上，并限制不可预见事件的发展进程。在思想对环境的影响以及环境对思想的反作用中，其身份不断被重新定义。制度在社会经济中的作用并未明确——这一作用通过维护自己的存在、成员的利益，通过向时代妥协而发生改变。就像人的创造性一样，制度很可能受它本来应该控制的力量的控制。”制度既是一种工具，又是一种挑战，也是一种危险。“随之而来的是秩序混乱、成就感、盲目和挫折。”最终，“制度和人类行动互相补充和对立，在无尽的社会发展舞台上永远地相互改造着”（汉密尔顿，1932：89）。

强调制度的中心性和模糊性，其中包括有序和无序的因素、知识和无知的因素，这些观点同时受到历史偏离、源头的转变和源头的遗忘的影响——这就是沃尔顿·汉密尔顿大张旗鼓提出的制度主义论点。

第四节 康芒斯：组织与制度

约翰·罗杰斯·康芒斯（John Rogers Commons，1862—1945）是继凡勃伦之后美国制度主义学派的第二位重要人物［巴佐利（Bazzoli），1999］。尽管在主题和概念上两位创始人的观点是相同的，尤其是对于制度在经济学中所发挥的决定性作用这一观点，但他们的研究方法在很多问题上差异很大。

凡勃伦是一位制度批评分析家，他认为实践问题不应该干预科学。康芒斯则更积极地看待制度，并直接关注社会改革问题，他的大部分活动都与改革问题相关。凡勃伦声称自己原则上反对规范性标准对理论的干预，而康芒斯则寻求“合理的资本主义”；他们一个谴责雇主组织和工会的集体行动，认为雇主组织和工会只表达既得利益，另一个则与其相反，致力于推动集体行动的发展并使其制度化［沙塞

（Chasse），2017］。凡勃伦坚持基于达尔文主义概念的经济科学的进化形式，如累积因果关系和非目的的进化论。康芒斯提倡一种结合了法律、经济学和伦理学的理论，而不是坚持制度进化的一般观点。他的研究方法是将过去各种经济学派的“精辟的观点”但又是不完全的观点通过构建一种理论而综合起来，这种理论是基于19世纪末和20世纪初美国资本主义的制度创新理论，他根据普通法法官和法院，以及美国最高法院的法律解释来发展制度经济学。

康芒斯的主要著作

《财富的分配》，1893。

《比例代表制度》，1896。

《工联主义和劳工问题》，1905。

《美国的种族和移民》，1907。

约翰·罗杰斯·康芒斯等人（主编），十卷集《美国工业学会文献史》（1910—1911）。

约翰·罗杰斯·康芒斯等人（主编），四卷集《美国劳工史》（1918—1935）。

《工业商誉》，1919。

《工业政府》，1921。

《资本主义的法律基础》，1924。

《制度经济学：它在政治经济学中的地位》，1934。

《集体行动的经济学》，1950。

一、经济理论的局限性

经济思想史在康芒斯的主要著作《制度经济学》（1934）中占有重要地位；然而，他的方法很奇特，有时甚至令人费解。凡勃伦的某些论点与古典和新古典主义传统思想立场相反，而康芒斯则试图强调先前各种流派的局限性、片面性或滞后性，并试图将这些流派重新解释，最终纳入制度经济学中。除了对制度问题的低估之外，以前的经济理论还存在两个主要缺陷。它们假定自然丰裕和随之而来的利益和谐，而没有看到稀缺的普遍性以及由此导致的冲突的普遍性。例如，亚当·斯密认为一只“看不见的手”会自发地使利益协调，而实际上，这是普通法法院的“看得见的手”，这只手有意地选择了良好的习俗并将其强加到不情愿的个人身上；因此，亚当·斯密没有意识到利益协调是源自利益冲突的“集体行动的历史产物”（康芒斯，1934：162）。另一方面，经济理论倾向于用心理学来代替制度的作用。这种心理学以人与物的关系为中心，忽视了人与人之间与所有权相关的关系。这种心理学具有个人特性，但实际上，重要的是“冲突导致的谈判和交易的社会心理”。因此，实物产品与财产相关收入类别之间存在混淆。

根据康芒斯的论点，均衡理论是以牛顿定律作为其运作模式的，并通过拟人化得以推进，由此达成以利益协调为目的的社会机制。过程理论（凡勃伦）关注的是并非有意的转换带来的变化和演化；理论的灵感来自达尔文的自然选择观点。康芒斯支持的制度理论或持续经营理论同时建立在均衡理论和过程理论之上：对人为或故意的变革感兴趣。理论关注的不是自动均衡，而是管理均衡或主导均衡（受监管的）；理论坚持在以“社会控制”为中心的问题中活动规则的“人为选择”（康芒斯，1934：120－121）。康芒斯批评凡勃伦借用自然选择的隐喻并将其应用于制度；他以人为选择观点反对凡勃伦，人为选择观点在他看来正是达尔文主义的起点。

二、制度化的精神

个人在康芒斯的概念中占有重要地位，但必须从“制度化的精神”角度看待个人的作用。“个人首先是婴儿。他们学习语言的习俗、与其他人合作的习俗、为实现共同目标而工作的习俗、旨在消除利益冲突的谈判的习俗、服从他们作为其成员的许多组织的行为规则的习俗”。他们相遇，他们不受快乐和悲伤的“欲望”所驱使，“但是，或多或少受习惯影响，也因为习俗的压力，他们参与到由人类集体意志建立的人为交易当中”（康芒斯，1934：73－74）。

康芒斯强调个人属于几个不同的组织。值得注意的是，作为20世纪下半叶为数不多的有影响力的美国经济学家之一，赫伯特·西蒙（Herbert Simon）承认受益于康芒斯。与新制度经济学相反，他坚持“组织经济”模式，认为其比“市场经济”更能表达当代资本主义的特征（西蒙，1991）。“他们不再是处于自然状态的孤立个体，而是始终参与交易，是可以自由进入和离开的组织的成员，是在他们之前已经存在并将继续存在的制度下的公民”（康芒斯，1934：74）。

三、运行中的机构

在康芒斯看来，活跃的组织或持续运行中的机构及其活动规则，是发达资本主义的特征。这些组织在数量上是庞大的，而且以各种形式存在。它们可以分为三个大类：经济组织、政治组织和文化组织。个人同时是不同组织的成员，在这里，组织是制度的另一个名称。经济和社会都代表着一系列复杂的组织，从最小的组织如家庭，到最大的无所不包的组织如国家。除了明显的差异之外，积极的组织还具有共同的特征，即持续性（积极的组织在个人进入和退出组织时都存在）、主权或自治权力、合法权威、活动规则、批准、交易。但是，组织的一般模式实际上是基于康芒斯给出的有关最大组织的阐述，即凌驾于所有组织之上的组织——国家。从这里可以看出，与大多数资本主义理论家一样，康芒斯认为组织存在于国家的框架下。然而，他所构建的理论明确地基于美国资本主义；康芒斯的理论丝毫没有涉及资本主义各种民族形式的主题。

任何持续运行的机构与国家一样拥有合法"权威人物"，他们是"主权"的持有者，他们的作用主要是发布和批准组织的活动规则。活动规则主要是在冲突发生时根据普通法的方法制定的，通过人为选择实现无组织规则，这些无组织规则经过选择也成为有组织的规则（或集体行动规则）。因此，这是康芒斯推广的习惯法的法律模式。正如我们所看到的，他把组织的成员称为组织的"公民"。国家（20 世纪初的美国民主国家）成为任何活跃组织的通用模式（沙旺斯，2012）。

四、工作规则

对于《制度经济学》的作者来说，习俗发挥着重要作用：它代表了无组织的集体行动（我们也可以称之为非正式规则），它比有组织的集体行动更具普遍性。作者认为，像亨利·梅因（Henry Maine）爵士那样相信习俗在历史上被合同所取代的观点是错误的。事实上，虽然习俗随着经济条件的变化而变化，但仍然是至关重要的。然而，习俗缺乏精确性，这导致了冲突。因此，组织的领导人必须明确习俗，他们选择习俗，将习俗正式化，并将其编入法典，通过经济或法律的批准。这一过程适用于所有组织，甚至包括普通法法官决定的法律的形成过程也是如此。但是，任何组织都有制定的法律即成文法，或者有相当于法律的规定，成文法在国家中由政治程序产生。

在康芒斯看来，与法律的各种组成部分进行类比是各种组织或经营中的机构的规则理论的基础，这些组织或机构代表了各种规模的“公司”［吉斯兰（Gislain），1999］。每一个组织“都必须有自己的行为准则，这是其法律。这些行为准则来自权威、习俗、习惯、本能等。它们是普通法、成文法及组织的裁判惯例。国家、经济组织和文化组织都依赖于这些行为准则，差别主要在于制裁的类型。制裁分为身体的、经济的还有道德的，组织可以应用这些制裁来实施这些规则”（康芒斯，1924：332－333）。

最后，行为规则并不能建立先验的利益协调机制，因为冲突无法避免，但它为交易中的个人创造了一种“可实行的互助”和预期的相对安全（康芒斯，1934：92）。这一思想综合了所谓的政治方法和规则间的协调的观点。

五、交易理论

根据康芒斯的理论，财富具有双重含义：它既是物质，又是该物质的“所有权”。现代的所有权概念包括物质、非物质及无形财产，这一概念成为制度经济学的基础，因此制度经济学也是产权经济学。先前的理论关注商品、工作、欲望、个人或交换，而制度经济学则将交易作为其主要研究对象或分析单位。交易这一概念同时包括了冲突、依赖性和秩序。交易是“法律控制的转让单位”（康芒斯，1934：5），介于古典经济学家所考虑的工作生产与享乐主义经济学家所分析的消费乐趣之间。它不仅限于商品交换，还包括个人之间物品“未来物权”的转让（康芒斯，1934：58）。因此，法律—经济联系被确定为中心。在马克思看来，法律领域构成了相对于社会经济基础的上层建筑，而社会经济基础决定上层建筑。相反，康芒斯通过提及“资本主义的法律基础”（康芒斯，1924），在某种程度上颠覆了马克思的隐喻。

经营中的机构或活跃的组织期望有利的交易，它们受工作规则或行为规则的支配。交易有三种形式：市场交易（讨价还价）、管理交易和分销交易（定额）（见表1－1）。根据康芒斯的观点，这种分类既概括又全面，它试图区分经济学家先前在唯一的交换概念下混淆的事物。

表1－1　交易的三种形式

交易形式	市场交易	管理交易	分销交易
个人地位	法律上平等	法律上的优势或劣势	法律上的优势或劣势
谈判心理	说服或强迫；广告和宣传	命令与服从	辩护和争论
一般原则	稀缺	效率	公正
委托人特性	委托人和代理人之间没有区别	个人或等级	集体权威
交易对象	所有权转让（履约和债务付款）	财富创造	合资企业成本和收益的分配
履行未来承诺	价格和数量	投入和产出	预算、税收、定价、工资设定

资料来源：（康芒斯，1934：59－68，91，106；1950：57）。

市场交易发生在法律上平等的各方之间，但是由于“讨价还价能力”的差异，从经济角度来看各方可能是不平等的。管理交易和分销交易涉及从上到下、从领导到被领导者的法律关系。在管理交易中，领导者是发布命令的个人或统治集团；在分销交易中，上级具有集体的性质（董事会、议会、仲裁庭、专制政府、税务机关……），它约束集团下属并分配利益。三种交易方式都涉及经济、法律和道德层面。

康芒斯还区分了战略交易与常规交易。战略交易涉及行动的“限制因素”，常规交易涉及其“补充因素”。行动的限制因素以适当的形式、在有用的时间和地点施加控制将激活补充因素，以便获得想要的结果（康芒斯，1934：629）。但是限制因素和补充因素不断转换。一旦受到控制，限制因素就变为补充因素，而补充因素就变为限制因素。康芒斯强调这种模式的普遍性及其与时间性问题的联系：限制因素是当前行动的对象；至于补充因素，个人预期它们将来会保持稳定。个人不需要将注意力集中在它们身上，因此它们是活动组织中常规交易的对象（康芒斯，1934：644）。这一分析清楚地预见了将在半个世纪后发展起来的企业进化理论，这些理论与康芒斯的论点没有明显的最初联系。

六、"集体行动"和普通法方法

对于康芒斯而言，从积极组织、行为规则和集体行动的类别来看，制度的概念很有意义。英国和美国的"运行中的机构"的概念（在德语中的同义词是"兴旺的商行"）在这里很重要，"我们将这些活跃的组织以及使组织保持活跃的行为规则称为制度：家庭、公司、工会、行业协会，直至国家本身"（康芒斯，1934：69）。因此，我们在这里以组织及其规则为中心对制度进行了定义。

集体行动包括两种形式：未组织化的习俗和组织化的运行机构。康芒斯对制度的传统定义，概括起来就是"控制个人行为的集体行为"。但完整的定义是"限制、解放和扩展个人行为的集体行为"（康芒斯，1934：73）。显然，与凡勃伦相比，这是他分析的独到之处。这一定义强调，正是制度本身的约束性质使制度给个人带来了自由，保护个人免受他人的胁迫或不公平对待，并且极大地扩展了个人的行动能力，使个人所做出的成绩远远超出个人孤立所能成就的事情。

实际上，在英美国家传统中，根据普通法的方法制定的法律只是所有运行机构的普遍原则的特例，通过这一原则，"在仲裁利益冲突时制定了新法律，也因此使习俗或道德的无组织行为规则更加精确，更具有组织的约束性"（康芒斯，1934：73）。普通法的这种方法本身就是一种习俗——如果康芒斯更接近于凡勃伦的观点，他或许会将其称为一种“习惯”……组织中的行为规则一直都在不断地变化（康芒斯，1934：71）；他们表明个人可以、必须或有权去做什么或不做什么，使其服从于具有道德、经济或物质性质的集体制裁。

七、制度主义、时间性和未来性

由此，对于康芒斯而言，制度代表着运行机构及其行为规则。然而，在他对“制度化精神”的讨论中，他将这一概念扩展到了语言和技术，从而赋予其更广泛的含义：“人类的思想不仅仅是一种活的有机体。作为一种有机体，它只是高度发达的大脑。这个大脑只是动物有机体的一部分，直到它被‘制度化’为止。从那时起，它获得了更广泛的活动领域，我们称之为思想和意志。它的第一个制度是符号、文字、数字、说话、书写，我们称之为文字和数字的语言。这是个人的一种习惯，是几代人流传下来的强制性习俗。简言之，是一种制度。人类的其他制度是火、工具、机器、家庭、政府等，而我们把这些制度的持续重复……称为‘经营中的机构’”（康芒斯，1934：638－639）。

时间性是大多数制度经济学流派所强调的一个基本方面，因为这些流派都强调变化的重要作用。然而，康芒斯走得更远。对于他来说，甚至时间的概念都是制度化精神的建构。“因此，人不仅仅是一个有机体，而是制度的产物，只有制度化的精神才能将经济活动的时间维度演变成我们所谓的未来性。未来性是制度性的：孤立的孩子和个人就像动物一样，对未来性知之甚少，甚至一无所知。生物体的大脑在时间上向遥远未来的制度的延伸与其在空间上的延伸密不可分。大脑活动的两种制度化延伸，使工业界和政府中的高度发达的现代活跃组织能够向全世界和后代发布指令成为可能”（康芒斯，1934：639）。因此，康芒斯强调制度与未来性之间的联系，强调精神的制度化与精神在空间和时间上的“扩展”之间的联系。时间是制度的。因此，“在制度预期允许的前提下，在当前行动的未来性范围内，人类有机体将未来事件转化为当前行动。……对时间来说是真实的，对空间来说也是真实的。只有制度化的大脑才能拥抱世界，他们会通过活跃的组织和充当工具的机器来实现”（康芒斯，1934：640）。根据行动实用主义理论，而康芒斯也受到这种理论的启发，“未来性”起着中心作用［吉斯兰（Gislain），2017］。个人按照他在现行制度框架内所预见的未来行事。行动确实具有合理性，但合理性受未来的预期影响，同时受当前集体行动的限制。未来的特征是不确定性，但是制度具有减少不确定性的作用。制度经济学认为，社会“坦率地说其未来是不可预测的，但在一定程度上可以受洞察力和集体行动的控制”（康芒斯，1934：107）。

惯例的作用降低了货币经济学中的不确定性，而货币经济学中的不确定性主题是凯恩斯（Keynes）的中心论点，这一主题似乎与康芒斯的概念产生了共鸣。斯基德尔斯基（Skidelsky）在《凯恩斯传》中说，康芒斯“对凯恩斯有重要的影响，尽管鲜为人知”，并引用了凯恩斯在1927年给康芒斯的一封信中的内容，信里凯恩斯写道：“在我看来，再没有其他的经济学家的一般概念和我的在总体上那么相合了”（斯基德尔斯基，1995：229）。制度主义学者和凯恩斯主义理论家的相互影响在以后的历史中至关重要。

第五节 波兰尼与作为制度化进程的经济

卡尔·波兰尼（Karl Polanyi，1886—1964）因其著作《大转型》（1944）而闻名于世。该书被视为非正统的制度分析的经典著作［戴尔（Dale），2016；莫库朗（Maucourant），2005］，特别是他在书中将19世纪的自由主义定义为一种危险的乌托邦，这个乌托邦通过将自我调节市场的原则扩展到“虚拟商品”——劳动、土地和货币的范畴，来普及这一原则。这个乌托邦对社会的破坏性作用引起了保护性的反对运动，这一运动将导致对贸易扩展的相对限制。

在某种程度上，称波兰尼为制度主义经济学家有些言过其实，因为他实际上是一位历史学家和人类学家，而德国历史学派或美国制度主义的影响并没有直接体现在他的著作中。然而，把波兰尼与这一传统流派并列并非牵强，波兰尼对起源于20世纪50年代的早期制度主义的流派影响很大。

一、一体化模式

总体上，经济代表一个“制度化过程”：它嵌入（植入）和并入经济、非经济制度中（波兰尼，1957：244）。为了研究不同历史时期不同社会中制度化的不同模式，波兰尼使用了“一体化模式”的概念。这些模式“是指制度化运动，通过制度化运动，经济过程的要素被联系在一起——从物质资源和劳动到货物的运输、储存和分配”（波兰尼，1977：35）。一体化的概念接近于协调的概念，实际上，就是将劳动分工造成的分离“重新统一”。在对历史经济体系的广泛比较研究的基础上，波兰尼认为在这一领域中存在三种基本模式：互惠、再分配和交换。在《大转型》一书中，波兰尼提到了第四种一体化模式，即家庭管理原则，这是为满足封闭群体的需要而进行的直接生产和储存的模式。但是他在其后的著作中并没有保留这种模式，这表明该种模式属于小范围内的再分配。

“互惠意味着对称组的相关节点之间的活动；再分配意味着朝着一个中心移动，然后从中心向外的适应的活动。交换是指交易系统中，手之间的相互活动。因此，互惠以对称、有序的群体为背景；重新分配是建立在群体内存在某种形式的中心的基础之上的；为了实现交换的一体化，必须有一个决定价格的市场体系。显然，这些不同的一体化模式均假定有确定的制度支持”（波兰尼，1957：245）。

一体化的各种模式不构成发展的“阶段”，也不构成经济系统本身。在历史上，它们以各种方式结合在一起，“几种次要形式可以与主要形式同时存在，主要形式在短暂消失之后又会重新出现”（波兰尼，1957：249）。在西欧封建制度结束之前，所有系统“都是按照或者互惠，或者再分配，或者家庭管理，或者三者结合的原则进行组织的”（波兰尼，1944：85）。相反，市场经济或资本主义体系的特征是交换占主导地位，变得具有排他性。

应该指出的是，波兰尼的理论可以被视为一类制度主义观点的主要来源，这类观点强调在经济体系中共存着多种多样的协调模式［霍林斯沃思（Hollingsworth）、博耶（Boyer）、科尔内（Kornai）］，这不同于提倡二元模式的经济协调理论（市场/国家或市场/组织）。

不同于亚当·斯密将“人类以物易物和交换倾向”假定为市场起源（但是——我们还可以增加——也不同于凡勃伦假定本能是习惯的基础），波兰尼指出“将个体的行为和态度简单加总并不能形成支持一体化形式的制度结构”。因此，如若“没有事先给定的结构模式，而这一模式不会是互惠或以物易物的个人行为的结果”，那么交换与互惠都是不可能的（波兰尼，1977：83－84）。波兰尼在这里参考了涂尔干（Durkheim）、韦伯（Weber）和帕累托（Pareto）的观点，他们强调了不同类型的个人行为的社会前提。波兰尼主要参考了人类学家特恩沃尔德（Thurnwald）和马林诺夫斯基（Malinowski）的著作。这些著作有助于理解以下问题：为什么在没有给定社会条件的情况下，个人行为常常不会产生社会效应。“只有在对称的组织化的环境中，互惠的取向才会产生重要的经济制度；只有在以前已经建立中心的地方，个人的合作取向才会产生重新分配的经济；最后，只有在存在为此目的建立的市场的情况下，个人的以物易物行为才会产生社区经济活动的价格”（波兰尼，1977：85）。因此，波兰尼提出了一种结构主义的方法，在这种方法中，先前建立的制度引导个人行为朝着构造特定一体化模式的方向发展。

二、“错位”问题

波兰尼最著名的论点之一，即现代资本主义存在与一个整体社会经济相“错位”的问题。黑格尔（Hegel）、马克思（Marx）、梅因（Maine）、滕尼斯（Tönnies）、韦伯和马林诺夫斯基的观点对他有影响，他在自己的著作中引用了他们的观点（波兰尼，1957）。

波兰尼以亚里士多德（Aristotle）的思想为基础，将“实质经济”定义为以人类生存为目的的活动的经济。他认为，在历史上，随着市场的自我调节系统占据主导地位，经济出现了错位或相对自主性，这与以前所有的社会都有所不同。在以前的社会中，经济被嵌入社会，经济活动与经济动机交织在一起，体现在社会、亲属关系、政治、宗教等实践和目的中。只要互惠互利和资源再分配占据主导地位，作为自主的生活领域的“经济”的概念就不能真正建立（波兰尼，1968：84）。相反，作为自我调节市场体系基础的利润目标使经济的“形式”概念占据主导地位，这一概念完全不同于实质经济的传统概念。自此，经济领域似乎只受自己的法则支配运作（波兰尼，1977）。社会附属于市场，“不是经济嵌入社会关系，而是社会关系被嵌入经济体系”（波兰尼，1944：88）。波兰尼，一个民主社会主义的拥护者，期望二战后形成的“大转型”能够限制经济不稳定的错位，结合互惠、再分配和交换这些一体化模式达到更好的均衡。

第二章

奥地利学派与秩序自由主义

第一节 门格尔：组织和实用方法

奥地利学派的创始人卡尔·门格尔（Carl Menger，1840—1921）提出，制度的两种不同的形成方式之间存在重大区别，以此作为对德国历史学派批评的回应，该批评质疑传统理论中忽略了制度因素对人类行为的作用。某些社会现象“是出于建立共识的‘共同意愿’而产生的（协议、积极的立法等），而另一些则是人类为实现纯粹的‘个人目标’而付出的努力的意外结果”（门格尔，1883：133）。第一类是“实用”的，第二类是“有机”的。尽管确实有很大一部分当代制度是通过务实的手段以集体和有意的方式建立起来的，但是分析或解释起来并不困难。然而，以有机的方式建立的制度则不然，其对经济理论的重要性为门格尔所强调。

一、有机制度中的货币

门格尔在其《国民经济学原理》[甘沙梯舍（Grundsätze），1871]一书中提出了一种货币起源的理论，认为这是个人为改善自身状况所采取的行动的意外结果。货币是一种社会程序的结果，它构成了“自发的结果，是社会成员个人努力的计划外结果”（门格尔，1892）。在他的《对社会科学，特别是政治经济学方法的研究》[恩特斯昌根（Untersuchungen），1883]一书中，该理论被应用于许多其他制度，如法律、语言、市场、社区和国家本身的起源等。经济学和社会科学领域的“精确研究”必须解决的问题是，要理解“在缺少建立制度的共同意愿的情况下，为公共福利服务并对公共福利的发展至关重要的制度是如何建立起来的”（门格尔，1883：146）。正如货币无意之中产生于个人寻求具有高度“可交易性”的商品来摆脱物物交换的约束所作的追求利益的尝试，新的市镇建立起来，因为具有不同专业和技能的个人在新的地方安定下来，他们认为在这里会为他们的各种技能找到更好的市场，而国家的产生是因为住在同一个地区的家庭认为团结起来是对彼此有利的。我们这里谈的是“有机的发展”，其中，社会制度的形成是人类为实现个人利益目标而采取的行动的意外结果。通过遵循某些规则或使用某些手段，一些人在获取利益方面比其他人更快或更有能力，正如门格尔所称，其他人将观察他们的成功，然后尝试模仿他们；这样，这些“服务于共同利益的制度”最终得以巩固，而无须任何人为此目的进行计划或设计。例如，某些人获得了收益，即他们以其货物作为交换获得了其他具有更大“可交易性”的货物，即使这些货物本身对他们没有用。这一认知可以传播开来：“一个民族集团的所有成员永远不会同时意识到这一点，而是只有少数节俭的人会首先意识到他们从中获得的好处……。教育人实现自己的经济利益的最好方法就是让他们看到别人使用正确的方法实现了自己的目标，获得了经济成功”（门格尔，1883：155）。

门格尔说，这种解释具有很大的普遍性，这增强了他的兴趣：“精确理解‘有机地’创造社会结构起源的方法，以及用于解决具体经济理论主要问题的方法，”如价格、工资、利率等的形成“在本质上是相同的”（门格尔，1883：158－159）。这些方法后来被称为“方法论的个人主义”，此概念是熊彼特（Schumpeter）提出来的，并附加了解释。该解释间接借鉴了亚当·斯密的“看不见的手”，换句话说，是参与者无意识过程的解释。这一无意识过程会产生对集体有益的结果，这是出于私人利益的个体行为所产生的自相矛盾却令人高兴的结果。随之而来的一个问题是，要了解“错误的”甚至是“愚蠢的”有机制度（就像凡勃伦所描述的那样）是否无法自发产生。门格尔承认，有机制度中的惯例法损害共同利益的情况被证明并不少见，因此，通过立法在实用制度下进行修正是合理的（门格尔，1883：233）。但是，总的来说，他仍然反对亚当·斯密和他的追随者的“单方面理性主义和英法启蒙运动时代的实用主义”。在他看来，他们忽略了许多制度的有机成因，并导致了过度的改革主义，无意间为社会主义开辟了道路（门格尔，1883：173，177）。

二、复杂的相互关系

必须强调的是，门格尔将个人主义方法和“看不见的手”的比喻与他的经济自由主义联系起来。不过，在他那里，有机的制度和实用的制度之间的区别并没有上升到二分法的高度：“对于整个社会现象的理解，实用主义解释与‘有机’解释一样不可或缺”（门格尔，1883：135）。即使对于货币和法律而言，情况也是如此，只是在它们当中有机解释占主导地位。“货币不是由法律创造的，但从其起源来看，它是一种社会制度，而不是国家制度，但是可以通过国家的权威使货币得以认可。然而，通过国家的认可和管制，货币这一社会制度得到了完善，并且能够适应商业的不断发展所提出的各种各样的新需求，正如惯例法已经被完善并调整为成文法”（门格尔，1892：255）。

门格尔进一步指出，历史上最普遍的模式是：制度最初是有机地产生的，后来又通过实用的立法干预被巩固（或扭曲）。当前的货币和市场、法律、现代国家的体系都是如此：这些是“制度的例子，这些制度是联合了个人和社会目的论的力量的有效性的结果。换句话说，是‘有机’和‘积极’因素共同作用的结果”（门格尔，1883：158）。

门格尔的制度起源理论最终分为两个层次。首先，旨在获得私人利益的个人行动通过模仿行为意外地成为对社区有利的有机制度的起源。其次，旨在获得公共利益的社会行动人为地建立了实用的制度。但是，这两个层次不是相互独立的，因为实用的制度可以改善社会早期形成的有机制度。

第二节 哈耶克的秩序与规则

一、自由制度

弗里德里希·奥古斯特·冯·哈耶克（Friedrich August Von Hayek，1899—1992）与路德维希·海因里希·艾德勒·冯·米塞斯（Ludwig Heinrich Edler Von Mises）同是20世纪传统奥地利学派的主要继承者和发展者［考德威尔（Caldwell），2005］。哈耶克致力于重建经济和政治自由主义，这使他逐渐抛弃奥地利学派最初与新古典主义传统所共有的要素，例如，对均衡理论、完全信息假设、价格中心作用理论的引用，同时保留和深化了方法论的个人主义。他对社会主义的批判，更普遍地说是对国家干预主义的批判，使他逐渐在复杂性、相对无知和个人知识不完全的情况下，专注于行动协调的问题以及竞争在创新过程中的作用。在他1960—

1980 年的著作中，特别是在《自由宪法》（1960）、《法律、立法和自由》（1973—1978）和《致命的自负》（1988）这三本著作中，哈耶克构建了详细的规则理论，我们可以将之视为哈耶克为广义的制度经济学做出的贡献。

制度的概念与哈耶克的秩序和规则的概念之间存在紧密的联系。基于不同学科，如经济学、法学、政治理论、心理学和哲学等学科的知识传统，哈耶克发展了秩序和规则的概念，同时赋予了他的著作以重大意义。他的观点有两个重要来源：一个是亚当·斯密［以及在他之前的“苏格兰启蒙运动”中的经济学家，如弗格森（Ferguson）的理论］的“看不见的手”；另一个是门格尔对有机的制度和实用的制度的区分，哈耶克将这一区分进一步深化，并将其应用于“秩序”的构建中。与门格尔一样，哈耶克最喜欢的制度例子是语言、货币、道德和国家，还包括所有权，尤其是法律。他还将不同制度的秩序进行了归类。

二、秩序和规则

秩序的概念反映出一定的连贯性和持久性，有点类似于“系统”“结构”或“模式”的概念（哈耶克，1973：42）。根据哈耶克的理论，在社会和经济领域，有必要将有意建立或构造的秩序（即组织）与通过自组织过程、经过无监督演化而自发形成和扩大的秩序区别开来。构建的组织秩序和自发形成的秩序并存于经济和社会的各个层面。但是扩展而复杂的秩序是不容易被刻意构建的，特别是对于市场秩序和社会整体秩序这两个哈耶克理论中最常用的例子而言，情况尤其如此。

因此，组织秩序和自发秩序之间存在本质的差别，甚至可以说有重要的对比性。组织秩序相对简单：它有目标，有制定指令和建立规则的管理层，行动的协调是有意识的和刻意的。相反，自发秩序是复杂的，它没有组织者、管理者或计划者，而且没有最终目标，行动的协调以一种无意识但有效的方式进行。组织秩序是具体的，自发秩序是抽象的，后者无法从直观上理解，而必须要从心理上重建其组成要素之间存在的各种关系（哈耶克，1973：44）。

这两种类型秩序的共同点在于，它们都建立在“规则”的基础之上。然而，必须强调它们之间的两个重要区别：组织既要受管理层指示的约束，又要受管理者发布的规则的约束，这些指令和规则是目标导向的；而自发秩序仅基于“公平行为规则”。此外，组织秩序的规则与自发秩序的规则形成了鲜明的对比。前者目标明确，或者说目的性强，是具体的、刻意建立的并且具有规定性；而后者是非目标导向的，是抽象的，独立于周围环境，是自发地逐渐形成的，并且具有逐步被禁止的特征（哈耶克，1973：50）。表 2 – 1 是对这两种秩序及其相应的两种规则之间对比的总结。

表 2-1　哈耶克的两种类型的秩序和规则

组织秩序（Taxis）	自发秩序（Kosmos）
制作的（制作）；外生秩序，安排，架构，组织	成熟的、发展的（成长）、自发产生的秩序或内生秩序
简单	复杂
有领导，有组织者	没有领导，没有组织者
有目标，有意图	独立于任何目标（秩序本身除外）和意图
刻意安排和协调	无意识和非计划性地协调
受指令和规则（附属于指令，与目标相关）控制	受公平行为规则约束
具体（可以直观理解）	抽象（不能直观地理解；尽管组成元素发生了变化，但它们之间的关系结构是永久的）
组织规则（Thesis：命题）	**自发秩序规则（Nomos：惯例）**
最终确定（旨在在短期内取得具体和可预测的结果）	非最终确定
具体的	抽象的（不论后果如何，均可在不确定数目的将来的案例中应用）
有意创建	自发演化并在边缘有意识进行相关改进
根据不同组织的成员而有所不同	相同地适用于所有人
规定性的	禁止或否定的

资料来源：根据哈耶克（1973）的理论整理。

支持自由主义与反对社会主义，或者说反对任何形式的“建构主义”，反对欲通过中央计划对社会或经济进行非理性干预，这两者争论的核心基于以下原则：对于任何复杂秩序来说，自发形成优于中央计划（哈耶克，1988：123）。事实上，只有自发秩序的非刻意协调行为，才有能力以非集中的方式处理系统中分散的所有知识或信息。因此，对于哈耶克来说，“最大限度地利用组织所有成员之间分散的知识的同时，不仅用组织取代自发秩序不可能，而且还不可能通过直接命令实施干预来改善或纠正自发秩序。采取自发秩序和组织这样的组合从来都不会是理性的”（哈耶克，1973：59－60）。

三、规则、知识划分和知识传播

尽管哈耶克构建了规则的一般理论，但他的兴趣主要集中在那些与自发秩序相对应的规则上，如门格尔的有机制度。此外，我们在哈耶克的理论中找到了他对个体的解释以及对“看不见的手”之类的理论的进一步深化过程。然而，哈耶克特别强调了基于数代人经验的知识结晶，这些经验使“进化”规则的价值得以体现，而这些知识指的是遵循这些规则的个人可以间接地并且在大多数情况下不知不觉地使用的知识。实际上，个人的知识不仅在空间上，而且在时间上也是分散的，没有哪一个体能够直接集中和使用所有的个人知识（特别是非中央的决策机构）；公平行为规则使得个体甚至在不知道某一知识的情况下也可以使用该知识。从这个意义上说，公平行为规则可以被描述为工具或器具：“规则是工具性的，它们是提供给个人的手段，规则为个人提供了部分的数据，这些数据就像个人对他所处环境的了解一样可以成为他制定决策的基本依据”（哈耶克，1960：151）。这里体现出了传统的重要性，而建构主义者通常错误地轻视这一重要性。

一项复杂秩序的抽象规则的优点之一就是，它使得个人在制订不同的计划时，能够对各种预期进行调整（哈耶克，1973：117），因此产生了规则协调，它是对价格协调的补充（或者甚至可以说是铺垫）[弗利特伍德（Fleetwood），1995]。但是，公正行为规则的基本作用是使所有的自发秩序成为可能，这在某种程度上是一种“新兴”现象，因此是违反直觉的：有必要“清楚地区分由规则决定的个人行为准则，以及因遵守某些规则而产生的整体秩序”（哈耶克，1973：133）。哈耶克在“复杂现象理论”（哈耶克，1967b：26）中提到了“出现”的概念，这一概念仍然很重要，但隐含在他的自发秩序理论中。

四、国家和法律

哈耶克在其法律理论中采用的基本模型是英美系的普通法传统，这在他眼中是唯一真正符合自由主义理想的传统。与之相反的是，他认为在法国和德国实行的大陆法是典型的结构主义法律。他断言“个人自由的理想似乎已经深入人心，尤其是在长期以来法官立法占主导地位的国家”（哈耶克，1973：112）。他的解释有时被描述为浪漫的亲英主义［奥布莱恩（O’Brien），1998］，尽管在某种程度上这也是“普通法方法”的问题，但在这一点上他的解释与康芒斯的解释明显不同。

法律有两种类型：一种是希腊的“惯例”，这是一种建立在祖先传下来的规则基础上的法律，该法律对立法者具有约束力，必须予以发现；另一种是由“颁布的”规则组成的“命题”，这些规则是由主管机关规定或建立的。当我们简称法律或政令时，这两种类型通常被混为一谈，这等同于混淆了自发秩序的公平行为规则和已经最终确定了的组织规则。哈耶克反对法律实证主义，他认为由习俗或传统演化而来的规则意义上的法律早于立法。在普通法模式下，如果立法建立在良好的风俗基础上并巩固了这些良好风俗，则将与它制定公平行为抽象规则的作用相一致；相反，如果它假设一个针对组织型目标的全知的立法者，以理性主义和建构主义精神先验地进行，那么它将危害“大社会”的自发秩序。

因此，国家具有双重使命和双重特征。一方面，国家正式批准普通法司法程序的指导规则，并对其进行必要的完善或调整（这一点已经得到门格尔的认同），但同时也绝对尊重这些规则的一般抽象性及其在维护社会自发秩序中发挥的作用。换句话说，国家必须是“惯例”的保证。另一方面，国家本身是一种基于最终确定的规则和内部命令的组织秩序，尤其国家还是某些公共服务的提供者。国家在某种程度上是一个组织，显然也是一种最大的组织秩序（这一论点似乎与康芒斯的观点相呼应）。国家的双重作用归因于该特定组织对超越它并包含它的自发秩序所产生的特定作用。真正的法治国家，一方面必须确保整个社会遵守“惯例”抽象的规则，也就是说，民法或私法源自普通法；另一方面，它含有组织内部规则，和“公共”法律一样属于“命题”［内莫（Nemo），1988］。

哈耶克认为，将国家这两种功能混淆起来是建构主义（英文版译作结构主义）和社会主义传统的固有缺点之一，这些传统倾向于将社会视为一个巨大的组织，因此混淆了“惯例”和“命题”。因此，这些传统鼓励对自发秩序进行不时的干预措施，这种干预不仅妨碍了自发秩序的再生，而且还会产生不可避免的负面影响，而这又进一步成为实施干预的理由。如此一来，有可能会使社会最终“通往奴役之路”（哈耶克，1944）。因此，古典自由主义在其经济层面（市场自发秩序或“催化剂”）与政治层面（个人自由）整合的基础上重新得到确定，并建立在以道德和法律为中心的雄心勃勃的制度理论之上。

五、文化演变

如果把哈耶克的理论看作制度经济学组成部分之一的话，那也是因为他对制度的起源、发展和演化问题的重要贡献。有人发现哈耶克在其理论中清晰地阐述了这一理论发展和演化的不同层次或不同过程的连接，这一点在某种程度上与凡勃伦的理论类似。哈耶克事实上强调了规则形成的三种不同模式之间的差异，从而导致了三个级别的规则的叠加。“当然，从一开始就存在坚实的，也就是说很少变化的基因遗传的基础，即由生理结构决定的‘本能’冲动。然后是在社会结构的连续类型中获得的所有传统遗迹，而这些传统的规则不是人们有意选择的，而是由于一些实践活动促进了遵从这些规则的人群的繁荣，因此这些规则散播开来……。最后，最重要的是，在第三个层级，是为达到已知目标而有意采用或修改的规则”（哈耶克，1979：191）。凡勃伦的本能、习惯、制度“三元论”（哈耶克未对此作讨论，显然是对凡勃伦的藐视）让位于另一个“三元论”，这也是一个序列：本能、有机规则和实用规则（这里借用了门格尔的术语）。凡勃伦看到了与各种制度结构相冲突的本能，有时似乎也对那些有益的本能感兴趣，如工作本能或天生的控制负面的本能。然而，哈耶克并不相信“返祖”本能，如团结他人和利他本能，他认为这些本能只适合原始小群体，但不适合复杂的不断扩展的秩序：在这里我们找到了他批评和反对“社会正义”概念的理由（哈耶克，1976），正如他对人类无知根源的认识有所保留一样。这就解释了他为什么特别关注“三元论”的第二个层次，这个层次的传统是建立在从进化中留存下来的规则基础之上的。在这一点上，哈耶克的立场似乎与凡勃伦完全相反，凡勃伦认为继承制度常常过时并且不适应现实情况。“事实是，通常从传统继承下来的规则是最能为社会服务的规则，而不是人们本能地认为有益的规则，也不是人们理性认为的对特定目的有用的规则。但当代主流建构主义观点拒绝承认这一事实”（哈耶克，1979：194）。

哈耶克用“进化”的术语来解释公平行为规则的起源和命运。在他看来，这一概念与自发秩序无异，并且在他之后的著作中以文化进化的形式出现，同时变得越来越重要。文化进化与其他进化过程特别是生物学进化过程具有相似性，但是具有不可简化的特异性。特别是它基于既非自然也非人工的选择模式，确切地说，是“文化”选择模式。这个选择过程不是关于个人（像社会达尔文主义所想象的那样），而是关于规则，它是通过社会“群体的选择”来运作的（哈耶克，1979：205）。需要注意的是，这是哈耶克理论中最具争议的概念之一，受到包括来自奥地利学派的支持者的批评，他们当中的一些人认为这是与方法论个人主义背道而驰的。

行为规则最初是个体的创新，当它们被较大的团体采用时将会传播开来，从而产生不同的文化传统（哈耶克，1979：90）。然后，在不同群体的相对繁荣和发展的基础上（人口的增长、外来人口加入），成功群体的规则将被其他群体效仿，因而有助于将这些行为规则推广应用到更大的范围，而其他一些群体因固守的规则不利于其成员的繁衍，将逐渐没落或被成功群体吸收。个体创新的过程（最初是对先前规则的违反）在持续不断地进行，但是根据群体所获得的不同优势，文化选择会对规则进行“扬弃”（哈耶克，1979：186），最终使最有利于全球自发秩序的规则得以生存并扎根和发展。

实际上，这种理论是基于对社会群体原始进化的某种解释的，它似乎很浪漫，不同于以征服和暴力为标志的大部分人类社会历史。哈耶克所谴责的现代特有的建构主义倾向和相应规则，难道没有与各个社会所取得的经济或人口发展成绩在没有依存关系的情况下通过引进或渐进的模仿而传播吗？尽管如此，哈耶克始终认为，道德规则、财产制度、货币制度、法律制度（从“惯例”的深层意义上来说）是这种带来文明和经济扩张的文化进化的结果。他认为，公平行为规则虽然有时有些模棱两可，或者被误解，但其总的特点在于，只有在精神上重构了“抽象”自发秩序后，它们的有益作用才能被人们所认识。“个体可能不了解整体秩序，整体秩序是因为个体遵守如群体之间的亲属关系规则和婚姻规则或财产继承规则而产生的，个体可能也不了解整体秩序的功能。但是所有现存物种都会以这种方式行事，因为具有这些行为的群体已经排挤走了那些没有按这种方式行事的群体”（哈耶克，1976a：70）。

第三节 欧根与秩序自由主义

以瓦尔特·欧根（Walter Eucken，1891—1950）和弗兰茨·伯姆（Franz Böhm，1895—1977），以及弗莱堡学派为代表的秩序理论被视为德国思想家对制度经济学的贡献［拉布鲁斯（Labrousse）和薇兹（Weisz），2001］。欧根试图解决历史学派的制度方法和边际主义传统与奥地利传统学派的抽象分析方法三者之间的方法论之争。

一、经济秩序、财产与计划

通过使用不同于概括抽象方法的“孤立抽象”方法，欧根试图确定历史上循环出现的经济秩序（经济制度，德语：Wirtschaftsordnung）。结果欧根提出了一种“纯粹类型”的形态学，其中集中管理的经济（中央计划经济，德语：Zentralverwaltungswirtschaft）与交换经济相对应。中央计划经济又可以分为两种类型：一种是个体能动经济，经济活动计划由经济部门的负责人做出；另一种是中央管理的经济，由行政机构进行规划。交换经济也可以分为两种类型：易货经济和货币经济（欧根，1940）。这两种主要类型及其各自的类型还可以进一步细分为小的类型（理想形式），如交换经济下的各种市场形式。历史上，经济体系可以进一步细分为数量有限的几种纯经济秩序形式。

对于欧根而言，区分主要经济秩序的基本标准不是所有权而是计划权的分配（处置权）。因此，苏维埃俄国和纳粹德国代表了中央计划经济的两种类型，前者的基础是生产资料的集体所有制，而后者是生产资料的私有制。如果将主要经济体系的理论分为所有权标准优先的理论和统筹权标准优先的理论，那么欧根显然偏好于后者。在保持所有权首要地位的前提下，科尔奈（Kornai，1992）试图将这两个标准结合起来（这一传统可追溯到冯·米塞斯以来的奥地利传统）。

二、作为竞争性秩序保护者的国家

弗莱堡学派的秩序自由主义不同于曼彻斯特自由主义（也不同于哈耶克提出的演化生产的自发秩序）。不同之处在于，弗莱堡学派对作为“市场秩序保护者”的国家十分重视。这一学派在看重经济主体自由的同时强调了经济的宪法规则，后者能够制定有效配置这种自由权的经济秩序。这一点与哈耶克的观点类似（哈耶克在20世纪50年代是弗莱堡大学的一名教授）。但是从哈耶克理论的视角看，欧根更倾向于我们描述的“自由建构主义”。哈耶克将长期进化和文化选择构成的“公平行为规则”视为市场秩序的条件，而欧根则坚持认为，国家有意制定宪法规则是竞争性自由秩序存在和维持的前提。

经济和社会秩序是建立在规则和制度基础上的，因此，调控政策（德语：Ordnugspolitik）是一项以法律和制度框架为中心的政策，可以说它是“制度政策”。如果一个国家在保护产权方面作用有限，那么自由竞争就无法自发进行，也无法自行发展；如果放任自流，自由竞争往往会受到垄断倾向和利益集团的侵蚀。确保竞争的建立和维持是国家的职责。可以顺便指出的是，瓦尔拉斯也提出过类似的论点：“在社会中建立和维持自由经济竞争是一项立法工作，而且是属于国家的非常复杂的立法工作”［瓦尔拉斯（Walras），1898：476］。

三、基本规则和监管规则

以交换为最终目的的经济秩序是欧根所希望的形式，但它并不是自发产生的，必须通过法治国家来建立和保护。“秩序政策”必须建立在一系列不同规则的基础上，将基本规则和监管规则区分开来。“基本规则是经济法规规则。它们在具体的历史背景下，由普遍应用产生合理的经济秩序条件，从而构成了这种秩序（或体制）”（欧根，1952：289）。这些基本规则是：货币政策至上，允许货币在固定规则的基础上稳定下来；开放市场；私有制；订立合同自由；企业和家庭的责任（不受限制的）；经济政策的稳定性。监管规则次于基本规则。监管政策包括：由独立的反垄断局来打击垄断和卡特尔组织；实行累进税制，以进行一定程度的再分配；纠正市场的负外部性以及管理劳动力市场。

德国的“社会市场经济”学说，即穆勒 – 阿尔马克（Müller – Armack）的“社会市场经济”（德语：Soziale Marktwirtschaft）沿袭了秩序自由主义传统，同时也在广泛吸收其他再分配形式的基础上对其进行补充和修正。在欧洲联盟一体化的过程中，尤其是在自《马斯特里赫特条约》（1992）以来的各种欧洲条约中，都存在着德国秩序自由主义的影响。对于像范伯格（Vanberg，1994）这样的学者，弗莱堡学派在某种程度上是布坎南“宪政经济”的前身，它以自由主义的精神将理性选择的概念应用于宪政规则。

第三章

新制度经济学

第一节 威廉姆森与治理机制

奥利弗·威廉姆森（Oliver Williamson）是“新制度经济学”的创始人。从20世纪90年代开始，新制度经济学试图将“制度具有重要作用”的观点与各种主流理论学派融合起来，包括运用一些经济分析工具，以及对一些基本经济理论作一定的调整。“新制度经济学”一词来源于威廉姆森的著作《市场与层级制》（威廉姆森，1975：1）。书中引入的新制度经济学的表述无疑暗示了与美国“旧的制度经济学”的某种联系，但是对旧制度经济学的轻蔑判断基本上仍然是新古典主义传统的看法。在新兴的经济学派中，认为旧制度经济学具有非理论甚至反理论取向的观点成为主流。罗纳德·科斯（Ronald Coase）强调说“新制度经济学”这一表达的目的是要与旧制度经济学区分开：“旧制度经济学的代表人物如康芒斯、韦斯利·米切尔和与之相关的人等都是具有很高知识素养的人，但他们却是反理论的，他们留给后人的是一堆毫无理论价值的实际资料，很少有东西被继承下来”（科斯，1998：72）。

一、市场、企业和交易成本

新制度经济学重点介绍的一个概念是“组织”（主要是指企业，或者是威廉姆森术语中的“层级”）。科斯（Coase，1937）在其日后一篇著名的文章中强调了企业为何存在，而这种解释在传统经济学中非常缺乏。实际上，这种解释清楚地阐释了“价格机制的运营成本”或“市场运行的成本”。此类成本涉及制定适当的价格，以及通过单独的合同进行谈判。当这些成本较高时，个体可能会选择在企业工作，并自愿服从企业主的管理，而不是直接在市场上出售自己的服务或产品。如此一来，“企业外的市场交易消失，由企业家直接指导生产代替了复杂的交易的市场结构。很显然，这些是生产协调的替代方法”（科斯，1937：46）。在这种情况下，企业取代了市场，节省了价格确定的成本，但是随着企业规模的扩大，会出现另一种趋势，即企业的运营和管理成本将会增加，企业费用也会增加。

这是威廉姆森所说的“交易成本”概念的重要来源。需要注意的是，把“交易”这一术语作为基本分析单位，这一理念明显来源于康芒斯。主流资本主义制度学派考虑的主要是市场和层级（包括公司和企业）。除此之外，威廉姆森还考虑了维系企业家之间持久关系的“混合模式”（关系交易：分包、合作关系以及各种形式的联盟）（威廉姆森，1975）。在后来的表述中，威廉姆森在三种原始结构中补充了“领导机构”（国家的），即威廉姆森提到了“治理制度（包括市场、混合形式、层级、领导机构）”（威廉姆森，1996：4－5），从而更加接近非正统的制度理论，这一理论认为资本主义是将市场、组织、网络和国家结合起来的协调复合模型。

问题的关键在于企业的“选择”问题：是否必须通过市场或层级制度，各种类型的交易才能实现？这些制度组织能否替代“治理结构”？

二、不同治理模式的相对效率

可以看到，这里的制度分析主要集中在微观或中观经济层面上，并以此分析相对于市场的不同组织形式的相对效率（静态）。这被看作研究“制度安排”的问题，而研究涉及的“制度环境”则更为广泛，可能包括风俗、法律、政策等范畴。制度经济学理论研究的核心是“组织”。尽管市场本身也是一种制度，但在这方面的分析有待深入。

威廉姆森在科斯首先提出的企业存在性问题的基础上作了进一步的思考。威廉姆森的研究明确包含了对新古典经济学观点的批判，并对其提出的假设进行了质疑。他的观点大概可表述为：用隐喻假设“一开始只有市场”，然后断言由于交易成本的重要性，企业从市场中产生，与市场不同（威廉姆森，1975）。遗憾的是，交易成本的概念并未被纳入新古典经济学的分析框架，它仅考虑了生产成本。威廉姆森从另一个角度将自己与新古典学派区分开来，即他提出了“有限理性”（部分取自西蒙）的概念和“机会主义”的论点。他认为“合约人”与“理性经济人”的不同之处在于，前者可以撒谎或作弊以捍卫自己的利益。除了“资产的特殊性”特征外，这些都是交易成本变化的重要原因。这些假设也是有别于新古典经济学假设的。

然而，新古典经济学中被保留下来的假设是有关效率的研究方法：“交易成本经济学支持可辩驳的假设，即组织多样性主要是为了节省交易成本而出现的”（威廉姆森，1985：349）。因此，威廉姆森明确拒绝了试图通过权力现象来解释层级理论，如激进政治经济学（马格林，Marglin）①。“与以前的观念不同（资本主义的经济制度是由阶级利益、技术和/或垄断权力来解释的），交易成本方法断言这些制度的主要目的和结果是节省交易费用”（威廉姆森，1985：1）。威廉姆森主要保留了西蒙的“有限理性”中代理人获取信息与

① 在原始的制度经济中，权力在经济中的作用被认为是至关重要的。约翰·肯尼思·加尔布雷思（John Kenneth Galbraith，1908—2006）可以说是20世纪延续这一传统的最重要的学者，他在对当代资本主义形式的分析中给了马格林重要的地位。

处理信息的假设，他质疑的是新古典经济学用满意度来表示效用最大化的假设。从广义的角度看，交易成本最小化显然是一种最大化逻辑——这是“节约”的观点，这在经济理论中是很明确的。

从20世纪90年代开始，随着威廉姆森的新制度经济学（NEI）的出现，大量基于交易成本的专著涌现出来。

三、新制度经济学的中间定位

在一篇综述性文献中，威廉姆森（2000）提出新制度经济学的两个层次为交易成本理论和产权理论，被置于与连续交易相关的新古典经济学和在长期范围内有效的“社会理论”（历史学、社会学……）之间。表3－1中显示出交易成本理论更接近于新古典理论，而产权理论更接近于社会理论。诺斯的观点（下文）未直接列入此表中，不过从逻辑上讲，它介于第1层次和第2层次之间；除了考虑较长时期的制度变迁外，在某种程度上，诺斯的观点与新古典理论间的距离超过了交易成本理论与新古典理论间的距离。

表3－1　威廉姆森对制度经济学不同理论的分析（2000）

理论	层次	频率/年	目的
N1 社会理论	嵌入：非正式制度，习俗、传统、规范、宗教	100到1000	通常不需要计算：自发的

续表

理论	层次	频率/年	目的
N2 产权理论/ 积极的政治理论	制度环境：博弈的正式规则 - 尤其是财产权（宪政、司法机构、官僚主义）	10 到 100	安排制度环境，一阶条件下最优化
N3 交易成本理论	治理制度：游戏规则——尤其是合同（调整交易的治理结构）	1 到 10	给出合适的治理结构，二阶条件下最优化
N4 新古典理论/ 委托—代理理论	资源配置和使用（价格和数量；激励相容）	一直持续	给出边际条件（三阶条件下最优化）

注："最优化"实际上是指效率的逻辑和"计算方便的目的"，在此作者根据是否适用于（正式）制度环境、治理结构（制度安排）或边际条件，将"最优化"区分为三个层次。

"频率"是指制度变迁时间。

威廉姆森提出的第1个层次的变迁是自发的，而从第2个层次到第4个层次的变迁是人为引起的（用门格尔的话来说，N1的制度是有机的，而N2至N4的制度是实用的）。

资料来源：威廉姆森（2000）。

第二节 诺斯：正式制度与非正式制度

道格拉斯·诺斯（Douglass C. North，1920—2015）是“新制度经济学”（NEI）极具影响力的代表人物之一。作为一位经济史学家，他从相当激进的新古典主义立场转变而来，强调对历史的定量分析方法(“计量经济史”)，并构建了基于效率和个人理性最优化的推理方法。后来他意识到制度的重要性，逐步远离甚至批判新古典主义传统的局限性。直到20世纪90年代他的新颖的制度理论的建立，并与容易混淆的非正统的制度经济学的某些理论或概念明确区分开来。

诺斯关于制度的著作

《制度变迁与美国经济增长》（和 L. 戴维斯），剑桥，剑桥大学出版社，1971年。

《西方世界的兴起：新经济史》（和R. 托马斯），剑桥，剑桥大学出版社，1973年（法语版《西方世界的飞速发展：新经济史》，巴黎，弗拉马里翁出版社，1980年）。

《经济史中的结构与变迁》，纽约，诺顿出版公司，1981年。

《制度、制度变迁和经济绩效》，剑桥，剑桥大学出版社，1990年。

《了解经济变化的过程》，普林斯顿，普林斯顿大学出版社，2005年（法语版《经济发展的过程》，巴黎，组织出版社，2005年）。

《暴力与社会秩序》（和J. J. 沃利斯与B. 温加斯特），剑桥，剑桥大学出版社，2009年（法语版《暴力与社会秩序》，巴黎，迦利玛出版社，2010年）。

一、新古典主义的局限

在新古典经济学理论中，诺斯极力坚持以下几个方面的观点：稀缺性假设及由此产生的竞争、约束条件下的选择行为、微观经济学理论（包括价格理论）以及相对价格的影响。在他看来，新古典经济学中存在的主要错误有以下几点：忽略了制度和时间；没有考虑到交易成本；将涉及经济的政治规则的作用等同于思维和意识形态的作用，对它的理性概念也必须予以“摒弃”（诺斯，1994）。在评价赫伯特·西蒙的理论时，诺斯强调，个人知识和个人获得信息能力的有限性，会引起经济和政治决策中的不确定性。然而，同威廉姆森一样，诺斯实际上倾向于坚持最大化决策的观点，即个体面对选择时以最大化为原则，反对西蒙提出的“满意”决策准则。西蒙（1987）认为，个人并不追求效用最大化目标，因为这将需要详尽了解替代方案，并具有处理相应信息的强大能力，以及在作出选择时有充裕的时间；实际上，人们在追求目标的过程中会满足于“令人满意”的程度（而不是最大化），并在达到目标时停止探寻替代方案。

二、正式制度与非正式制度及其实施

“制度是人为制定的约束，用于规范人际交往中人们之间的行为，包括正式约束（如规则、法律、宪法）和非正式约束（如行为规范、惯例、自我施加的行为守则）及其实施特征”（诺斯，1994：361）。在此定义中需要强调以下几点：“约束”的概念，正式制度和非正式制度之间的区别，以及对如何实施或执行（实施）这两种约束的考量。诺斯使用“博弈规则”（体育）来比喻制度的特征，但是有着与博弈论完全不同的视角。

诺斯在他 1990 年以后的著作中更加强调了信仰结构的作用。如果新古典主义的合理性假设值得怀疑，其原因就是

“历史证明思想、意识形态、神话、教条和偏见都是起作用的”（诺斯，1990：362）。意识形态和制度都可以被视为“共享心智模式的不同种类”。在高度不确定的情况下，面临选择的个人会使用一种心理模型学习，然后个人之间的交流会催生共享的心理模型，从而导致“在共同进化过程中意识形态和制度的建立”［登兹（Denzau）和诺斯，1994］。读者可能会有重新发现凡勃伦论点的感觉，根据这一论点，制度是共同思维的习惯……

当诺斯（2005）采用本质上是认知的方法分析经济变化时，这与旧制度经济学有着惊人的相似，例如，与学习和计算规则过程是内生于制度结构这一观点的相似性：“大部分理性选择不是来自个人思考，也不是来自更广泛的社会和制度背景下思想过程的嵌入”（诺斯，2005：24）。

三、权力与效率

在他的早期著作中，诺斯采用了新古典经济学的方法对制度进行界定，即制度是经济问题的有效解决途径，但其思想经过逐渐的演化过程之后发生了变化，诺斯最终抛弃了这一概念，甚至完全颠覆了它，他声称制度实际上是基于权力的。“制度并不是必然和总是为了具有社会效益而建立的，实际上，制度的建立，至少正式制度的建立是为掌握权力制定新规则的人服务的”（诺斯，1994：360 -

362）。结果是，只有在例外情况下，经济市场才接近效率的条件，而“政治市场”却从未如此。“公共选择”理论的影响是显而易见的。然而诺斯批评公共选择理论时却忽视了非正式制度。诺斯认为，企业家或“主要人物”总是功利最大化者。他在《经济史的结构与变迁》一书中写道：“制度是一套规则、要遵守的程序以及道德和伦理行为规范，旨在约束个人的行为，以使财富或领导者（负责人）的作用最大化”（诺斯，1981：202）。他放弃制度效率论并不意味着他质疑最大化行为，这反而表现出了诺斯借助有限理性的微妙含义。

关于效率的研究中，诺斯将配置性效率和“适应性效率”区分开来。配置性效率来自以帕累托最优为基础的新古典传统经济学，而适应性效率是他从演化经济学［尼尔森（Nelson）、温特（Winter）、佩里坎（Pelikan）］中借用来的一个概念，并将其应用于制约经济的随着时间推移而发展的规则中。换句话说，他将其应用于宏观历史层面：“长期增长取决于适应性效率而非配置性效率。成功的政治、经济系统已经建立起了灵活的制度结构，可以经受住演变过程中的冲击和变化。但是这些系统是长期孕育的结果，我们并不知道如何在短期内创造适应性效率”（诺斯，1994：367）。

四、组织和制度

与传统的制度经济学相反，诺斯认为区分制度和组织是至关重要的。“如果制度是博弈规则，那么组织及其企业家就是参与者”。规则确定了游戏规则，而团队则在遵守这些规则的前提下，使用策略、协调和诚实或不诚实的能力和手段取胜。组织由个人组成的不同团体构成，团体成员被一个共同的项目联系起来以实现不同目标（诺斯，1990：405）；一般有政治组织、经济组织、社会组织和教育组织，这些组织都是通过学习形成的。

诺斯认为，组织与制度之间的相互作用至关重要。制度框架决定了将要创建的组织的类型以及演化方式，反过来，组织将成为制度变革的源头。“组建的组织将反映制度矩阵所创造的机会。如果制度框架奖励投机，那么将创建投机组织，如果奖励生产活动，则将创建组织（公司）以从事生产活动”（诺斯，1994：361）。反对意见认为，这不得不让人回想起凡勃伦理论中的掠夺性行为和生产性活动之间的冲突。事实上，对于诺斯来说，制度总是结合了两个相反的激励面，问题是弄清楚历史和背景在衡量两种互相矛盾维度中的相对权重。制度框架是“一个制度的混合体，里面包括各种各样的制度，比如促进提高生产力活动的制度、创造准入壁垒的制度、鼓励限制垄断的制度、防止低成本信息传递的制度”

（诺斯，1990：64）。因此，现存制度提供的激励措施或机会将有利于现有的组织或企业，并创造新的组织；反过来，这些组织又会促使制度框架的演变，甚至试图改变原有的制度框架。最终的反馈机制将起着决定性作用（诺斯，1990：7）。只有在制度和组织这两个层次间作出区分，才能理解这一点。

五、制度变迁

诺斯的制度理论具有融合多种理论的特征，因此，有时其内在的一致性会受到影响。他总结的制度变迁的论点是多种多样的：它们有的是相对价格或偏好变动造成的；有的是组织及其企业家、掌权者或国家有关的自我发现活动引起的；也有的是信仰和心理模式的演变造成的（这就是区别所在）。在所有的情况下，制度变迁在历史上主要都是逐步的和渐进的过程。大规模的根本变迁极为罕见，只有在战争、侵略、革命和自然灾害的情况下才会发生。因此，心理模式倾向于长期的达尔文主义式的逐渐发展，它是紧随重大变化之后的简要事件：这种类型的进化被古尔德（Gould）和埃尔德雷奇（Eldredge）称为“间断平衡”（登兹、诺斯，1994）（见表3－2）。

表 3－2　制度变迁的因果顺序

变更过程中的因果顺序最终如下：
心理模式和意识形态 （信仰） ↓ 经济和政治的制度框架 ↓ 激励结构 ↓ 组织 ↓ 政治 ↓ 绩效

资料来源：登兹、诺斯（1994）；诺斯（2005）。

正式制度和非正式制度的变迁并不局限于同一时间框架内。正式制度可以轻易地迅速变化，甚至可能发生在一夜之间，但是非正式制度的变迁却是逐渐进行的。这就是为什么革命性的变迁从来没有像它的支持者所希望的那样深刻而彻底，或者说，这也是为什么国家间正式制度的套用和模仿并不能达到期望的效果。“由于不同的非正式标准和‘执行’方式，采用另一经济体正式规则的经济体将获得与这一经济体完全不同的绩效特征。结果是，将成功的西方市场经济体正式的政治和经济规则转移到第三世界或东欧经济体并不是取得良好经济绩效的充分条件”（诺斯，1994：366）。

诺斯列举了一个历史事例：在 19 世纪，许多拉丁美洲国家借鉴美国宪法并作了一些修改；也有许多第三世界国家将西方国家成功的产权法直接引进。虽然引进了正式规则，但不能与“执行”机制、行为的非正式规范和行为者的主观模式相适应，因此，由此产生的激励结构无法带来类似的绩效，并且应用类似的正式规则所产生的效果极为不同（诺斯，1990：101）。

六、制度矩阵与路径依赖

制度继承了特定国家与特定时期的历史，这就是“制度矩阵”。制度矩阵具有规模报酬递增的特点，它将决定组织和个人的动机，并最终影响国民经济“绩效”。诺斯主要对比较不同经济体的长期经济增长感兴趣。正如现代史所揭示的那样，国家制度变迁的路径以及相关的绩效是截然不同的。实际上，这些路径具有“路径依赖”和“自我锁定”的现象，这些现象是由组织与制度之间复杂的相互作用造成的。“路径依赖”的概念（与规模报酬递增相关）来自布莱恩·阿瑟（Brian Arthur），“锁定”的概念则来自保罗·戴维（Paul David）。这些概念最初被用来解释技术变革，但在诺斯的表述中，这些概念被用来理论化地描述制度变革。只是由于政治组织在其中发挥了重要作用，制度变革变得更加复杂。

因此，相对低效的路径可以在相当长的历史时期内持续存在，对于诺斯而言，这甚至是历史上最常见的情况，而能持续累积增长的路径虽然有可能处于某种被“锁定”的状态中，但在历史上却是少见的，如果存在，也是相当例外的情况（诺斯，1990：7－9）。经济轨迹会在受到历史条件影响的网络外部性、组织的学习过程和个人的主观模型的作用下得到加强。

七、制度和绩效

当制度矩阵（或制度形式）与中长期宏观经济绩效存在一定联系的观点被当代许多制度学派都视为常见现象时，诺斯认为，是动机充当了制度与绩效之间的主要中介。制度矩阵并不仅限于经济制度，还包括政治制度和法律制度。每个经济体独有的相互依存的正式和非正式规则所组成的整个网络，根据其遵循的历史路径，决定了其发展及其在长期增长方面的绩效。

政治系统起着决定性的作用，因为博弈的正式经济规则是在政治体系的层面上建立起来并受到控制的。界定了使用权、收益权和财产转让权的产权制度是正式经济制度的核心。政治系统对财产权的明确界定和保障一直是西方繁荣的源泉。诺斯因此吸纳了产权理论这一中心命题。“‘有效’的制度是通过政治体系（政体）获得的，这种政治体系有动机来建立和强制执行有效的产权”（诺斯，1990：140）。但应该注意的是，这里更多地涉及配置性效率而非适应性效率……

在《经济史中的结构与变迁》（1981）一书中，诺斯对16世纪至18世纪的两组国家的经济发展轨迹进行了比较研究。一组是法国、西班牙和葡萄牙；另一组是英国和荷兰。法国和西班牙这两个国家为了增加国家收入，赋予行会或公司以垄断权，并且凌驾于私人财产权制度之上，从而导致了法国的经济停滞和西班牙的经济衰退。相反，在英国和荷兰，商人阶层为自己的利益建立了一系列的制度，这些制度通过保护产权为有效贸易创造了良好的激励机制。此外，国家对待私有财产权的不同态度也影响到了殖民地：西班牙和葡萄牙在拉丁美洲的殖民地的经济发展平平，但英国在北美的殖民地的经济却经历了持续增长。

这些截然相反的情况在历史上和当代世界都是无数次重复出现的，并且在苏联的灾难性事件中达到了顶峰。“像荷兰那样，在经济制度方面，为支持提高生产率的活动而建立了制度性的激励措施时，才会出现经济增长。而抑制生产就会出现经济下滑，这是集中的政治控制和垄断特权造成的结果。失败的案例远远超过了成功的案例。经济增长现象是例外；停滞和衰退则成为常态，这反映了人类组织中持续存在的失败趋势”（诺斯，2005：134－135）。

第三节 博弈论与比较制度分析

近年来，“主流”经济学（重新）发现的制度的路径之一就是博弈论，或者说制度分析贯穿于博弈论中。最初，博弈论是一种经济学标准范式，因为它预先假定了理性、功利和追求利益最大化的代理人，并在方法论的个人主义框架内进行推理，具有非历史性和去语境化的特征，但也因为构成博弈的“规则”一开始就是给定的：它们是外生的。

然而，由于将“协调”或“合作”（基于囚徒困境的经典例子）视为主题和中心，以及考虑到涉及演化过程的重复博弈，这意味着逐步在博弈论与制度分析之间建立了联系。[瓦利泽尔（Walliser），1989]。博弈规则和制度之间的类比逐步建立。当某些博弈重复进行时，参与者倾向于根据社会协议制定新的潜在规则（经验法则）、标准、惯例和“制度”，并将其传给后来的参与者。这样，这些制度就构成了

“提供其他主体可能采取行动信息的机制”［肖特（Schotter），1981］。

但是，这些理论存在一个主要困难：游戏的初始规则是最初给出的（它们没有解释），它们限制了进化或学习过程中将出现的新规则。因此，对制度起源的解释意味着将进入循环推理之中［菲尔德（Field），1994］，这与规则的等级性或历史性概念的缺失有关，只能引入超级博弈或者零和博弈，但这只会转移问题而不能解决问题。

尽管如此，博弈论仍然试图对基于新古典理论发展起来的“新制度经济学”的某些流派施加重要影响，并将通过对其某些假设的改变、延伸或批判而继续发展。该理论在本质上是逻辑思考的一部分，旨在解释某些既定的经济状况，甚至有时会应用于经验或历史过程的制度分析中，这就是“比较制度分析”的情况，青木昌彦和格雷夫对此作了详细说明。它旨在比较历史上的国家系统或制度。比较制度分析的研究对象与诺斯的观点相接近，但是不同之处在于它使用了博弈论。

一、青木昌彦：作为共同信仰的制度

青木昌彦（Aoki Masahiko）的理论基于博弈论意义上的均衡的制度概念。

在博弈论中，纳什均衡被定义为这样一种情况：在其他参与者保持原有策略（不进行合作）的情况下，没有任何一名参与者可以通过改变自己的行为而改善处境。在某些方面，这一均衡概念连同帕累托最优，已在新古典主义理论中取代了瓦尔拉斯的一般均衡概念。

根据青木昌彦的观点，有三种方法可以从与博弈的类比开始：有一些将制度视为参与者（大型组织），另一些则将制度视为博弈规则［诺斯、赫维茨（Hurwicz）］，还有一些则将制度视为均衡的结果或博弈信仰［肖特（Schotter）、格雷夫（Greif）、阿林·杨格（Young）或青木昌彦本人］。青木昌彦认为，这最后一种将制度视为均衡的概念的优点是能够将制度的起源和“实施”视为内生［青木昌彦，2000：141］。但是，正如菲尔德（1979）所表明的那样，我们不能设想一个没有制度的、由纯技术规则组成的博弈模型。实际上，每一种博弈模式都含蓄地或明确地预先假设了先前就已经建立的人类制度。因此，青木昌彦承认，除了构成制度分析基础的博弈论之外，还必须使用历史和比较分析得到的信息，作为必要的补充。

“制度是一个关于如何进行博弈的共同信仰的自我维持的系统。从本质上讲，制度是均衡路径的突出和固定特征的浓缩型代表，几乎该领域的所有主体都认为制度与他们自己的战略选择相关。这样，它以自我强化的方式支配着主体的战略互动，并反过来在不断变化的环境中被主体的实际选择所复制”（青木昌彦，2001：26）。从理论上说，各种均衡都可能存在。因此，青木昌彦定义了作为“共同信仰”这一概念的制度的几种特征：①制度是内生的，它是由主体之间的相互作用而产生的，主体间的相互作用将产生持久的均衡；②制度代表了信息的浓缩；③制度对不断变化的环境具有刚性；④制度在许多主体的眼中具有普遍的相关性；⑤在经济和社会的各个领域存在制度的多样性。

一种均衡状态可能成为一种制度，被公认成为制度的均衡最终可以编入法典并被明确表示出来。但是，只有当所有主体集体相信它时，这种编入法典的形式才具有制度的特征。因此，如果人们不遵守法律和法规，法律和法规就不是制度。假设国家禁止进口某些商品，但人们认为贿赂海关官员以规避法律是有效的，并且这种做法亦成为普遍现象，那么我们必须考虑将贿赂而不是无效的立法作为制度（青木昌彦，2001：13）。

在关于比较制度分析的书中，青木昌彦研究了各种社会中的大量历史或当代实例（例如，硅谷模式、日本的主银行模式……）。他在国家框架内甚至在经济的特定领域内坚持“制度互补”：如果在同一领域或同一经济体中“存在特定机制或这一机制被（制度化），那么（产权）交换治理机制的有效性（或存在）可以直接或间接地得到加强”（青木昌彦，2001：87）。但是，互补性并不意味着制度安排的最优性，就像在截然不同的制度情况下不一定存在最优化选择一样。

在青木昌彦看来，就像当代制度经济学存在许多代表流派一样，制度多样性也不会随着全球化的趋势而消失。此外，这种多样性（尽管偏离了理想效率的条件）是有益的。由于各种制度以竞争或互补的方式相互作用，国家制度将逐步适应全球化和技术环境的变化，但方式取决于所走的道路。“因此，今后我们将观察到以下两个趋势：一方面，全球制度安排的演变方面，跨国制度的重要性日益上升；另一方面，区域、国家和地方制度多样性持续演化。但是，我们相信，多样性将使全球经济在面对意外冲击时更加强大，并创造其面对各种环境的变化创新适应的可能性”（青木昌彦，2001：393）。

二、格雷夫和规则、信仰以及组织的结合体

埃维纳·格雷夫（Avner Greif）是“比较历史制度分析”的倡导者，他认为比较历史制度分析弥补了旧制度经济学和以构建制度为主的新制度经济学两者在进化视角之间的差距。（格雷夫，2006：153）。

格雷夫主要关注产生自发“结果”和受到“自我制裁”的制度，这些制度不依赖于外部制裁，因此他提出了一种考虑“历史过程”并结合了博弈论的研究，以及比较的、历史的和经验的分析方法（格雷夫，1998）。这样，格雷夫比较

了具有个人主义文化的热那亚商人和更多具有集体主义文化的马格里布人（伊斯兰世界中的犹太人），他们于11世纪和12世纪都在地中海从事商业活动。马格里布人建立了社区交流网络以方便集体行动，但是事实证明，这种交流网络限制了他们与不同族类商人之间的联系与交流。而热那亚商人却建立起了只能实现有限程度的交流的双边控制机制，这一机制催生了正式的政治组织，用以监督和制裁已订立的协议，这种控制机制似乎更有利于贸易扩张。最终，格雷夫观察到，热那亚商人不仅取代了马格里布人，而且马格里布人的社会组织与当代发展中国家有相似之处，而热那亚商人的社会组织类似于西方历史上占主导地位的制度。因此，这意味着文化价值影响制度，进而影响制度绩效（格雷夫，1994a，1994b）。

格雷夫与诺斯的观点不同，他提出了作为“系统”的制度的全面定义，其中包括规则、信仰和组织。“制度是共同作用于行为秩序的各种各样的社会因素结合在一起的系统。该系统的每一组成部分皆为人为的非物质因素，对每一个人来说，这些要素外生地影响着他们的行为。构成一种制度的各种各样的社会因素，特别是规则、信仰、规范和组织等社会因素，可以激励、驱使和引导个体在社会条件下技术上可行的许多行动中采取某一种行动”（格雷夫，2006：383）。

第四节 方法论多元化？

一、阿西莫格鲁：提取性制度和包容性制度

达龙·阿西莫格鲁（Daron Acemoglu）将博弈论、计量经济学分析和建模（标准经济学的参考方法）与说明性的历史叙述相结合，确立了历史上“提取性制度”与“包容性制度”之间根本对立的论点［阿西莫格鲁、鲁滨逊（Robinson），2006］。

定居者的死亡率本来可以用来代替制度质量来解释各个以前被殖民国家的经济发展轨迹的差异。实际上，在利用有利的卫生条件建立的定居点，欧洲人（实际上基本是英国人）建立了有利于财产权并因此有利于增长的包容性制度；相反，在疾病（疟疾、黄热病）流行的地方，例如在中非，欧洲人（通常是法国人）引入了阻碍进步的提取性制度。这

种对比持久地影响着成功或失败（阿西莫格鲁等，2001）。

这些论点很有争议。与许多新自由主义制度方法一样，提起殖民和后殖民历史，盎格鲁—撒克逊传统所获得的成功与套用欧洲大陆（尤其是法国和德国）制度所导致的失败之间存在着对立。因此，这种对立是安德烈·施莱弗（Andrei Shleifer）和他的同事们提出的“法律起源”理论的核心［拉·波塔（La Porta）等，1997，1998；格莱赛（Glaeser）、施莱弗，2002］，这一理论特别肯定了“普通法”传统对于长期经济增长的优势，以及“民法”（法国、德国或斯堪的纳维亚）的影响所造成的障碍。哈耶克肯定的两种法律传统的后果之间的对比因此得到了新的发展。但是，世界经济史远未证实国家“成功故事”的这些版本，从长期来看，这些故事已经发生了很大的变化。中国经济40年的惊人增长也提出了当代的反例——这个国家的制度环境并非具有“包容性”，在中国，先是中国传统法律，然后受德国和苏联的影响，直到最近几年才借鉴了美国法律，但中国并非“良好”的自由立法的典范。

最后，将“制度质量”与自由市场经济的理想化变体联系起来的当代制度主义的新自由主义版本的规范和目的论特征因经济“成功”或经济“绩效”的简化主义而加剧，经济绩效仅限于国内生产总值增长或国内生产总值发展水平（人均国内生产总值）。因此，这些论点在发展经济学的其他制度主义方法中经常被批评［罗德里克（Rodrik）等，2004；埃文斯（Evans），2007；张（Chang），2011］。

表 3－3　政治制度、经济制度、连续两个时期的资源分配和绩效

政治制度$_t$	⟶	法律上的政治权力$_t$	⟶	经济制度$_t$	⟶	经济绩效$_t$
		&				&
资源分配$_t$	⟶	事实上的政治权力$_t$	⟶	政治制度$_{t+1}$		资源分配$_{t+1}$

资料来源：阿西莫格鲁、约翰逊、鲁滨逊（2005）。

提取性制度或包容性制度的一般二元性［阿西莫格鲁、鲁滨逊，2012］与诺斯、沃利斯和温加斯特（Wallis 和 Weingast，2010）的通用类型学比较接近，这三位经济学家区分了对应于进入受到限制的社会的“自然国家”和非个人社会关系占主导地位的“开放性秩序”（即使在当今世界，也只能在 25 个国家中找到该秩序）。这些方法的另一个相似之处是努力整合权力并阐明政治制度和经济制度的作用，赋予政治制度决定性的权力。对于阿西莫格鲁和他的同事们而言，对事实上的政治权力平衡（包括技术和国际环境的变化）的冲击可能会导致政治制度乃至经济制度最后是经济增长的重大变革（见表 3－3）。

二、奥斯特罗姆与制度多样性

埃莉诺·奥斯特罗姆（Elinor Ostrom，1933—2012）有时会被错误地归入“新制度经济学派”，她在各种各样的国家背景和经济发展水平下，在将不同基层社区对“公共财产”的管理研究中，发展出了一种“制度多样性”的创新方法（奥斯特罗姆，2005）。这些“公用资源”，如公共土地或森林、社区灌溉系统、获得水的权利、捕鱼的场所，其特征在于难以排除潜在的受益者，但是同时，其与“公共财产”不同，公用资源的特征还在于会用尽，以致其使用者会处于敌对状态。在自由主义的方法中，“公地悲剧”① 的特点是功利主义者和自私的人过度使用公共资源，简而言之，是“经济人”导致了资源的退化甚至最终消失。它与囚徒困境的类比是显而易见的。它在某种程度上受一只“看不见的手”的作用，却是反常的，而不是天意如此。针对这个问题提出的两种解决方案里：一种是传统上的国有化；另一种在新自由主义时代最好是私有化。

在对贫穷和富裕经济体的许多实证研究中，埃莉诺·奥斯特罗姆表明，许多社区结合传统和经验能够建立共同的规

① 1968年，英国的加勒特·哈丁（Garrett Hardin）在《The Tragedy of the Commons》一文中首先提出了“公地悲剧”理论模型。——译者注

则，这些规则在不借助公共干预或私有财产的情况下可以防止过度开发资源，并保存了资源（奥斯特罗姆，1990）；这些制度安排通常比专家建议和制定的规则在经济上更有效，并且更公平。这种规则系统的特点是种类繁多。为了超越“市场或国家”二分法，埃莉诺·奥斯特罗姆使用了独特的方法，该方法采用了各种具体的方法，如现场调查、多学科团队工作、实验室的实验研究、博弈论。她参考了康芒斯以及她的丈夫文森特·奥斯特罗姆（Vincent Ostrom）的理论，将规则定义为“与行为者了解与要求、禁止或允许的行动（或结果）有关的批准（执行）的规定”［奥斯特罗姆、巴苏尔托（Basurto），2013］。

“制度分析与发展”框架参照博弈论提供了一个对规则进行分类的系统。它包括七个要素：“参与者”在决策过程的某些阶段占据“位置”，并在各种“行动”中进行选择，基于他们对选择、可能的“结果”以及根据结果估计的“收益”和“成本”的组合所施加的控制（奥斯特罗姆、巴苏尔托，2011），它区分了三个相关的决策级别：宪法级别、集体选择级别和运营级别，提出了通用规则的类型——“累积句法”，其中包括“位置”规则、“边界”规则、“选择”规则、“聚合”规则、“信息”规则、“收益”规则和“扩展”规则（范围规则）（奥斯特罗姆，2005）。

规范或规则系统的发展可能源于各种机制。有些是有意识的，如试错尝试，尤其是在集体行动过程中；也有模仿路径或与外援有关的条件性路径（奥斯特罗姆，2005）。其他则是无意识的，如继承规则的忘记或侵蚀，或者与语言的歧义有关，相同的词被不同的行为者以不同的方式解释。最后，除了强调规则的中心性和对其变化过程的分析外，埃莉诺·奥斯特罗姆的基本命题是制度多样性的重要性和意义（尚托（Chanteau）、拉布鲁斯，2013）。

第四章

当代欧洲各流派思想

第一节 调节理论：宏观经济学说史

诞生于20世纪70年代的法国调节学派是一种非正统理论学派，它显然属于制度主义学派范畴。以下是当前该学派的一些主要著作。

调节学派的主要著作

1. 米歇尔·阿格列塔（M. Aglietta），《资本主义的调节与危机》，巴黎，伽尔曼－勒维（Calman－Levy）出版社，1976年［第二版，1982年；增加后再版，巴黎，奥迪尔·雅可比（Odile Jacob）出版社，1997年］。

2. 罗伯特·博耶（R. Boyer）和J. 米斯特拉尔（J. Mistral），《积累、通货膨胀与危机》，巴黎，法国大学（PUF）出版社，1978年（第2版，1983年）。

3. 阿兰·利比茨（A. Lipietz），《危机与通货膨胀——什么是它们产生的原因?》，巴黎，发现（La Decouverte）出版社，1979 年。

4. R. 德洛姆（R. Delorme）和 C. 安德烈（C. Andre），《国家与经济：解释法国的公共支出的尝试》，巴黎，塞伊（Seuil）出版社，1983 年。

5. 阿兰·利比茨（A. Lipietz），《疯狂的世界：从价值到通货膨胀的起飞》，巴黎，发现出版社，1983 年。

6. 罗伯特·博耶（R. Boyer），《调节理论：批判性分析》，巴黎，发现（La Decouverte）出版社，1986 年。

7. B. 科里亚（B. Coriat），《反向思考》，巴黎，克里丝汀·布格瓦（Christian Bourgois）出版社，1991 年。

8. B. 泰瑞特（B. Theret），《政治秩序的经济体制：国家调节理论的草图》，巴黎，法国大学（PUF）出版社，1992 年。

9. 罗伯特·博耶（R. Boyer），Y. 塞拉德（Y. Saillard）（主编），《调节理论：知识状态》，巴黎，发现出版社，1995 年（2002 年第 2 版）。

10. F. 洛顿（F. Lordon，《经济政策无法解决的问题》，巴黎，阿尔班·米歇尔（Albin Michel）出版社，1997 年。

11. 罗伯特·博耶（R. Boyer）和 R. 霍林斯沃思（R. Hollingsworth）（主编），《当代资本主义：制度的嵌入性》，剑桥，剑桥大学出版社，1997 年。

12. 米歇尔·阿格列塔（M. Aglietta）和勒贝里奥 A.（A. Reberioux），《金融资本主义的过激行为》，巴黎，阿尔班·米歇尔（Albin Michel）出版社，2004 年。

13. 罗伯特·博耶（R. Boyer），《资本主义理论是否可能?》，巴黎，奥迪尔·雅可比（Odile Jacob）出版社，2004 年。

14. 布雷诺·阿玛布尔（B. Amable），《五种资本主义：全球化中经济和社会系统的多样性》，巴黎，塞伊（Seuil）出版社，2005 年。

15. P. 珀蒂（Petit P.），《国家的发展与财富》，巴黎，发现（La Decouverte）出版社，《地标》，2005 年。

16. 罗伯特·博耶（R. Boyer），《金融家会破坏资本主义吗?》，巴黎，经济出版社，2011 年。

17. 罗伯特·博耶（R. Boyer），《资本主义的政治经济学：调节与危机理论》，巴黎，发现（La Decouverte）出版社，《伟大的地标/手册》，2015 年。

一、历史上资本主义的制度形式

调节理论保留了马克思主义传统对资本主义作为生产方式的解释，资本主义建立在两种基本关系①的基础之上：一

① 可以看出，马克思可以被视为制度学派的一员，在他那里，制度的概念采取了“关系”的独特形式。对于他来说，资本主义的主要制度就是资本（即资本关系），这种资本关系是建立在交换关系与工资关系两种关系的相互作用之上的（沙旺斯，2009）。

是相互独立但相互依存的商品生产者通过劳动分工建立的销售关系；二是工资与劳动的关系或资本与劳动的关系。然而，调节理论与马克思主义传统有所不同，它否定了生产方式内在规律的论点，或生产方式的必然趋势的论点，如利润率的下降趋势。正如马克思所强调的那样，资本主义系统的动力当然是建立在资本积累的基础之上的，但是资本积累可能具有不同的历史模式，没有可预见的目的或必要阶段的连续。这些“积累体制”正是建立在历史制度配置的基础之上的，而制度配置取决于这两种基本关系在不同时期采用的国家形式。基于历史经验分析国家制度时，可采用五种“制度形式”，这五种形式（见表4-1）是一个相互依存的集合，在国家框架内建立，但有时由于该国的政治历史造成的社会冲突和妥协，会受到外国因素的影响。

表4-1 国家经济形式中的五种制度形式

1. 货币约束形式（货币和金融体制）。 2. 工资关系的配置（工作组织、资格等级、员工流动性和对公司的忠诚度、直接和间接的工资所得构成、工薪阶层生活方式）。 3. 竞争形式（如竞争的、垄断的、受到管制的竞争机制）。 4. 加入国际体制的方式。 5. 国家形式（如受宪法限制的国家、嵌入式国家）。 这些形式被认为是资本主义两种基本关系的历史“汇编”（1、3和4构成交换关系的汇编，2代表工资关系的汇编，5涉及交换关系与工资关系两者带来的重要影响的汇编）

资料来源：博耶、萨亚尔（Saillard），2002；比约多（Billaudot），2001；博耶（2004a）。

在这种方法中，制度本质上处于“中间”层面，“中间”具有双重含义。首先，制度处于历史上所有资本主义经济体共有的两种抽象关系与在给定国家和特定时代经济关系所采取的具体形式之间的中间层面上。换句话说，它是在全面体现国民经济体系的五个领域中考虑的相互依存的制度组合的程式化表示。其次，制度本质上处于悠久历史和即时经济形势之间的中间层面：积累制度和调节方式通常超过几十年仍然有效力。因此，我们现在面对的是历史演进性的制度经济学，它肯定了19世纪至今的资本主义国家形式进化的多样性，并具有重要的比较维度。

对调节理论的第二个影响是凯恩斯主义的宏观经济学，确切地说，是后凯恩斯主义学派［拉沃伊（Lavoie），2004，2015］，该学派试图将凯恩斯的理论和某些马克思主义理论结合起来。因此，它在解决资本积累问题时通常与收入分配联系起来，特别是涉及工资和利润之间的关系以及全球供需关系调整的问题，从而可以通过“积累体制”和特定的“调节模式”进行调节，在历史制度结构和既定的增长形式之间寻求直接联系。积累体制对应有规律的增长模式，而调节模式代表了一些程序和社会行为，这些程序和社会行为“支持和引导”该体制，并“确保一组分散决策的动态兼容性，而经济参与者无须将整个系统的调整内在化”（博耶，1986：54－55）。

因此，福特主义（形成于20世纪50年代至70年代，并盛行于发达国家经济高速和相对稳定增长的特殊时期）的积累体制，正是建立在一系列特殊的以国家为中心的制度形式之上的，这些制度形式包括：基于信用的货币体系；泰勒主义以工作组织为特征的工资关系；共享生产率收益和扩大大众消费；寡头垄断的竞争形式；建立了根深蒂固的福利制度的“国家”。

在各种声称制度与经济增长方式之间存在联系的制度主义流派中（如道格拉斯·诺斯的新制度经济学），调节学派是其中研究过程最深入的学派之一［博耶，2004a；珀蒂（Petit），2005］。

调节学派学者对新古典主义传统持明显的批判性立场，他们通常还是与德国历史学派和美国制度主义保持距离，力图逃避“主流”经济学家对他们传统的（受质疑的）批评，对调节学派的批评构成了一种描述性的社会学史，这股思潮没有任何真正的理论基础，然而，泰雷特（Theret，2001）却强调了康芒斯的制度经济学（旧制度经济学派）与调节学派之间的内在联系。这一流派表明的“结合理论和历史”的雄心壮志（特别在“年鉴”学派的著作中体现出来），仍然延续了历史学派的发展路径。这一流派与奥地利传统没有任何联系，奥地利传统因其极力主张经济自由主义已经被抛弃。

二、制度与制度化的妥协

在中观经济和中观历史层面，制度本质上是作为冲突中的社会群体之间的“制度化的妥协”而缔造的，这与“公共秩序的专制制度化”是有区别的［德洛姆（Delorme）和安德烈（Andre），1983］。因此，新制度的出现往往是危机、冲突和战争的结果。只要政治领域仍然是妥协形成和合法化的重要场所，新制度就会在民族国家的框架内出现[①]。诚然，外国制度或组织形式的影响或引进这些制度及组织形式并不罕见，但这些制度或组织形式通常会受国家格局的制约而变换形式，这是一个制度或组织“混合”的过程［博耶，2004b：197；博耶、弗雷瑟内（Freyssenet），2000］。我们在这里发现了频繁出现的制度主义论点，这一论点也出现在凡勃伦的理论中。

三、资本主义的多样性、互补性和等级性

受到米歇尔·阿尔伯特（M. Albert，1991）近期著作的影响，许多制度经济学著作都深化了对资本主义各种国家形式的比较研究（已经出现在马克思、德国历史学派、凡勃伦

① 康芒斯将国家视为“社会阶级之间积累的一系列妥协，每个阶级为了自己的利益都试图通过私人产权制度来确保其对社会中暗含的强制因素的控制”（康芒斯，1899—1900：101）。

的著作中，近期更出现在诺斯的著作中），制度经济学著作将这一主题重新置于当代有关全球化、趋同性和美国模式的影响等产生的争论中［博格（Berger）、杜荷（Dore），1996；博耶、霍林斯沃思，1997；青木昌彦，2001；霍尔（Hall）、索斯凯斯（Soskice），2001；克劳奇（Crouch），2005；博勒（Bohle）、格雷什科维奇（Greskovits），2012；阿玛布尔（Amable），2017］。而这些研究中，有的则尝试用二元的观点看问题。因此，阿尔伯特比较了莱茵模型和英国的盎格鲁－撒克逊模型，霍尔和索斯凯斯比较了自由市场经济和协调市场经济。其他作者根据比较分析的目标，提出了多种多样的历史或现代模型。这就是调节学派研究人员的现状。

布雷诺·阿玛布尔在《五种资本主义：全球化中经济和社会系统的多样性》一书中强调，正是制度的互补性和层级性，解释了资本主义模式的多样性（阿玛布尔，2005：23）。互补性的概念（接近于青木昌彦所提出的概念）是指“一种制度在一个领域中存在或采用的特定形式强化了另一种制度在另一个领域中的存在、作用或效率”（阿玛布尔，2005：83）。然而，这种互补性可能具有偶然性和相对暂时性（阿玛布尔，2016）。层级性是指一种或多种制度在给定的历史配置中扮演特定角色。

因此，“在福特主义中，工资关系发挥了这种层级性作用，工资关系源于二战后的各种制度妥协。1990 年，这种层级性已经颠倒过来，有利于货币和金融体制，这一体制往往会主导其他领域的许多发展”［博耶、萨亚尔，2002：563 - 564］。

在制度互补性和层级性的基础上，阿玛布尔区分了当代资本主义的五种类型（或理想类型）：基于市场的资本主义、社会民主资本主义、亚洲资本主义、欧洲大陆资本主义和地中海资本主义。每种类型都包含几个国家示例。

四、危机

调节理论的独创性在于坚持危机理论的启发式研究，并提出对资本主义危机进行分类。在特定调节模式框架内的小规模危机往往会内生地消退；而重大危机或结构性危机则必须通过对制度形式进行重大变革才能消除。在不考虑外部冲击的情况下，还可以按照严重程度来将危机细化分类，可细分为：调节模式中的周期性危机、调节模式的危机、积累体制下的危机、生产模式下的危机（博耶，1986）。从中期的角度来看，强调了制度、增长模式和危机形式之间的复杂的相互作用关系。

制度框架与经济增长模式之间存在累积的因果关系。这种关系表明“制度化的妥协是如何形成积累体制的，首先是扩展，其次是密集，最后是密集与大规模消费，即福特主义

（Fordism）。其反向关系也值得分析：经济发展塑造了制度，“结构危机”在减少先前失衡和应对这些失衡引起的社会和政治冲突的双重要求下，通常可以通过重组制度的形式来克服（博耶，2004b：27）。从宏观或中观历史的层面考虑的制度变革最终源于给定配置中的紧张局势，这种紧张是由经济危机局势和由此产生的冲突，或者是由集体行为者之间力量关系的逐步变化引起的。

诺斯的新制度经济学实际上将“绩效”的概念简化为经济的长期增长，因此，调节理论方法研究的基本问题是制度配置的“可行性”问题，可行性表示其战胜危机的相对能力——这里强调了其极端的多样性。这种可行性不可避免地局限于一个历史时期，很可能由于结构危机的出现而迟早受到质疑。因此，“内部代谢（Endometabolism）”［洛顿（Lordon），1994］或“源于自身内部动态的发展模式转变”是制度变革的重要来源。“随着观测的时间不断延长，这种说法更加明显”（博耶，2004b：197）。

第二节 惯例经济学：解读其规则

惯例经济学是法国制度主义学派的一种，介于经济学和社会学之间，从 20 世纪 80 年代开始发展壮大。它建立的一套规则理论应该归属于制度主义概念范畴。

惯例学派的经济学家们经过对哲学家大卫·刘易斯（David Lewis）的著作《惯例》（1969）和凯恩斯有关惯例在具有根本不确定性的经济体中的基本作用的论点的反思，相对地远离了博弈论，他们不仅与标准（新古典）理论有所区别，而且与包括威廉姆森的新制度经济学在内的“扩展的标准理论”［法弗罗（Favereau），1989］也有所区别。威廉姆森的新制度经济学沿用了赫伯特·西蒙关于“有限理性”理念的删节版本，同时保留了最优化个体的假设。相反，有必要保留西蒙关于“程序合理性”的思想，这意味着求助于行动规则。但是，惯例经济学与非正统的制度主义更全面的方法不同，它保留了方法论上的个人主义。惯例学派的方法仍然主要是微观的，特别是体现在对组织的研究兴趣上，而非正统的制度主义则保留了宏观性。然而，他们都还是一致认可一个原则，即关于方法论个人主义与整体论之间简单对立的还原性。因此，调节学派作者提出了“整体个人主义”的综合概念，该概念将个体行为所产生的宏观层面的制度与现有制度所决定的微观层面的个体行为联系起来，从而区分了两个层面起源和变迁的不同时间轨迹（博耶、萨亚尔，2002）。

惯例经济学的主要著作

1. R. 萨莱（R. Salais）和 L. 泰弗诺（L. Thevenot）（主编），《工作：市场、规则、惯例》，巴黎，经济（Economica）出版社，1986 年。

2. J. –P. 迪皮伊（J. –P. Dupuy），F. 埃马尔 – 迪韦奈（F. Eymard – Duvernay），O. 法弗罗（O. Favereau），A. 奥利安（A. Orlean），R. 萨莱（R. Salais）和 L. 泰弗诺（L. Thevenot），《惯例经济学》，《经济杂志》，第 40 卷，第 2 期，1989 年 3 月。

3. 吕克·博尔坦斯基（L. Boltanski）和 L. 泰弗诺（L. Thevenot），《辩护：伟大的经济体》，巴黎，迦利玛（Gallimard）出版社，1991 年。

4. R. 萨莱（R. Salais）和 M. 斯多波（M. Storper），《生产世界：法国经济身份调查》，巴黎，法国巴黎高等社会科学研究院出版社，1994 年。

5. A. 奥利安（A. Orlean）（主编），《惯例的经济分析》，巴黎，法国大学出版社，1994 年，第二版 2004 年。

6. R. 萨莱（R. Salais）、E. 沙泰勒（E. Chatel）和 D. 里沃－当塞（D. Rivaud – Danset）（主编），《制度和惯例：经济行动的反身性》，巴黎，法国巴黎高等社会科学研究院出版社，1998 年。

7. A. 奥利安（A. Orlean），《金融的力量》，巴黎，奥迪尔·雅可比（Odile Jacob）出版社，1999 年。

8. 吕克·博尔坦斯基（L. Boltanski）和希亚佩洛·夏娃（E. Chiapello），《资本主义的新精神》，巴黎，迦利玛（Gallimard）出版社，1999 年。

9. B. 贝诺（B. Reynaud），《经济规则及其用途》，巴黎，奥迪尔·雅可比（Odile Jacob）出版社，2004 年。

10. O. 法弗罗（O. Favereau）和 E. 拉泽加（E. Lazega）（主编），《经济组织的惯例和结构：市场、网络和等级制度》，切尔滕纳姆/北安普敦，爱德华·埃尔加（Cheltenham：Edward Elgar）出版社，2002 年。

11. F. 埃马尔－迪韦奈（F. Eymard – Duvernay），《公司的政治经济学》，巴黎，发现（La Decouverte）出版社，“地标”，2004 年。

12. F. 埃马尔－迪韦奈（F. Eymard－Duvernay）（主编），《惯例经济学：方法和结果》，第2卷，巴黎，发现（La Decouverte）出版社，2006年。

13. O. 法弗罗（O. Favereau）（主编），《专业秩序与商业秩序之间的律师》，巴黎，莱克斯坦索（Lextenso）出版社，2009年。

14. O. 法弗罗（O. Favereau）和B. 罗杰（B. Roger），《思考企业、政治的新视野》，巴黎，语言与沉默（Parole et silence）出版社，2015年。

15. P. 巴蒂福勒（P. Batifouler）等，《惯例词典：围绕奥利维尔·法弗罗的著作》，里尔，北斗七星大学（presses universitaires du septentrion）出版社，2016年。

一、作为制度的惯例

惯例概念研究的第一种方法是保留一系列社会规则，这可能会使人联想起诺斯的非正式制度主义学说。惯例是指“一种特定类型的规则，具有一定的任意性，多数时候与法律无关，来源不明，成因可能措辞相对模糊，或者可能是措辞准确，只是还没有被正式确定”［法弗罗（O. Favereau），1999：166］。但是，博弈论顺着刘易斯的思想轨迹，采用一种战略性方法来解释惯例，并在保留了个体的实质性理性

（至少保留了有限理性）的情况下，惯例学派提出了一种“解释性方法”，这一方法强调惯例的规范性、表现的重要性和合理性的程序性质［巴蒂福勒（Batifoulier）和德·拉尔基耶（Delarquier），2001：22］。

在此限制意义下（即狭义的惯例），正式规则（例如法律规则）也就被排除在惯例之外。然而，广义上的惯例却涵盖了极其广泛的领域，当然也包括正式规则，这也说明狭义的惯例在起初研究时，其概念是不完整的。因此，惯例规则不仅是整体社会规则的一个子集，而且还与其他两个子集一起起作用：合同规则和约束规则，如法律规则［比安古（Biencourt）、沙斯兰（Chasserant）、雷贝里奥（Reberioux），2001：213］。

正统的经济学也承认合同都是不完整的，因为合同不能正式和明确地涵盖未来履行合同时可能出现的所有风险。实际上，即使是组织的正式规则或成文的法律规则，也不可避免地具有这种“不完整性”。因此，在任何规则的运作中，都会出现惯例层面，即使是正式规则的运作也是如此，这已经超越了狭义上的惯例规则范畴。

二、个体间的协调：不同范围的解释

博弈论使人们重新关注协调个体行动这一主题，不再是从在技术或社会分工的背景下自主且同时相互依赖的个体或企业协调的传统意义上说，而是从面临特定的局部互动（“博弈”）的理性功利主义的个人协调的意义上说。惯例经济学发展了这种协调的主题，同时在保留双方互动方法论的基础上还有更大的扩展，强调作为任何协调的基础的规则皆具有“惯例”含义和性质，强调不仅注重自己的利益而且关注行为的“合法性”的个人对规则的“解释”作用。

由于“经济学上的认知转向”，惯例学派的方法因此强调社会关系中的个人和集体代表。个人不是精于算计的功利主义者，他也会把与他人协调并获得“共同利益”的规范性目标纳入自己的行为。但是，这种共同利益的性质是有争议的，因为它同时取决于行动范围、“城市”以及各种合法性原则。

三、伟大的经济体（英文版译作价值经济学）

吕克·博尔坦斯基和 L. 泰弗诺（1991）在《论辩护》（De la justification）一书中区分了社会中现存的六种“城市”，并针对每种类型的城市解释了什么是“正确”或合法的概念，以及评价了什么使个人变得“伟大”。经过考验或争论，每个人都试图通过一种高级的原则为自己的行为辩护，这一高级原则可以解释为惯例。因此，吕克·博尔坦斯基通过辩论或争论，可以根据惯例达成协调。城市并非活动的领域或环境：在同一活动领域内，可以组合或比较不同的辩护原则。因此，吕克·博尔坦斯基强调了基于合法规则的多种可能的惯例和协调形式。

在《资本主义的新精神》［吕克·博尔坦斯基、夏娃·夏佩洛（E. Chiapello），1999］一书中，采用的方法从微观层面扩展至宏观层面，具有更整体和历史的视角，因为资本主义的精神和批评作为集体行动者出现。自20世纪70年代以来，法国出现了新城市，城市通过项目与网络概念相联系，在这里，高级的原则是管理或参与项目的能力，管理者或项目经理是伟大的典型代表，从而引发了新的争议、新的妥协、新的惯例（见表4－2）。

表4－2　城市和伟大价值

城市或领域	共同高级原则	价值	有价值的人
受启发的城市	启发	独特、天才、创造力	伟大的创造者
国内城市	传统、再生产	等级优势	领导者、老板、家长
意见城市	声誉	名望	明星、舆论领袖
公民城市	大众利益	为共同利益行动	集体组织（政党、办事处）
商业城市	竞争	拥有别人想要的财产	商人、售货员、客户、富人
工业城市	效率、绩效	专家、实施操作方法	专业人士、专家、负责人

资料来源：吕克·博尔坦斯基、L. 泰弗诺（1991）。

四、协调形式的多样性

惯例经济学派的作者通过多元模式处理个体行动协调的中心问题，这种模式提及但并未明确参考康芒斯、波兰尼或经济社会学的方法。在企业等组织内部或在全球经济中，不同的协调模式共同存在，从而产生了可以被解释为“规则平衡”的“妥协”。法弗罗和泰弗诺（1996）保留了三种重要的协调模式，在表4－3中对它们进行了比较。

表4－3 协调模式的主要分类详细说明

协调模式	商业	工业	家庭
1. 评估模式（大小）	价格	绩效 效率	声誉
2. 共同目标	贸易商品	技术对象、方法、标准	特定资本、财产、习俗
3. 基本关系	交换	功能性联系	信任
4. 相关信息的格式	货币	书面的；可衡量的；统计的	口头的
5.（人的）承诺形式	合同（“现货”）；计划	承诺	
6.（人的）等级制度	购买力	专业能力	权威
7. 空间	未定	笛卡尔坐标定位	两极定位
8. 时间	没有时间性	从现在到未来	从过去到现在
9. 新目标的出现	谈判	创新	学习

资料来源：吕克·博尔坦斯基、L. 泰弗诺（1996）。

第三节 霍奇森与“旧制度经济学”的复兴

从20世纪80年末起，特别是在20世纪90年代，出现了原始制度主义的复兴，这种制度主义在20世纪50年代只是作为一种边缘流派幸存下来。这次复兴的出现有多方面原因，包括人们对主流经济学及其新古典主义核心的失望，特别是涉及经济发展、资本主义经济结构变化和后社会主义转型的多重问题，这些问题在制度层面表现得越来越明显。

在经济思想史上，思潮和学派的兴衰轮回并不罕见，也就是说，伟大学者或学派的思想影响力往往在衰退与复兴中轮回。最著名的例子当属20世纪40年代衰落而80年代得到全面复兴的经济自由主义学说，以及被人们遗忘三十多年的诸如熊彼特或哈耶克等思想家的理论，后来又被人们重新发现并再次产生兴趣。相反，凯恩斯的理论在20世纪40年代到70年代产生了巨大的影响，此后影响力逐渐丧失（也许正在等待未来的复苏……)。英国经济学家杰弗里·霍奇森(Geoffery Hodgson)在演化制度主义复兴的运动中起了积极作用，因为他编辑出版了许多书，而且他自己也对这一流派的历史作了许多阐释。尽管他是凡勃伦的追随者，但他强调了从19世纪末以来广义上的制度经济学对许多理论家或知识流派的历史影响。

一些重要的出版物

杰弗里·霍奇森编辑的文集或著作

《制度经济学》，奥尔德肖特(Aldershot)，爱德华·埃尔加(Edward Elgar)出版社，1993年。

《埃尔加出版社的制度经济学与进化经济学指南》[与W. 塞缪尔斯(W. Samuels)和M. 图尔(M. Tool)合著]，奥尔德肖特(Aldershot)，爱德华·埃尔加(Edward Elgar)出版社，1994年，第2卷。

《制度经济学的最新发展》，切尔滕纳姆(Cheltenham)，爱德华·埃尔加(Edward Elgar)出版社，2003年。

《经济制度的演变：评论家》，切尔滕纳姆(Cheltenham)，爱德华·埃尔加(Edward Elgar)出版社，2009年。

杰弗里·霍奇森所著的书

《经济学和制度：现代制度主义经济学宣言》，剑桥，政治(Polity)出版社，1988年。

《经济学与演化：将生命带回经济学框架》，剑桥，政治（Polity）出版社，1993 年。

《经济学与乌托邦：为什么学习经济不是历史的终结》，伦敦，劳特利奇（Routledge）出版社，1999 年。

《演化与制度：论演化经济学和经济学的演化》，切尔滕纳姆（Cheltenham），爱德华·埃尔加（Edward Elgar）出版社，1999 年。

《经济学是如何忘记历史的：社会科学中的历史特性问题》，伦敦，劳特利奇（Routledge）出版社，2001 年。

《制度经济学的演化：美国制度主义中的能动性、结构和达尔文主义》，伦敦，劳特利奇（Routledge）出版社，2004 年。

《达尔文猜想：社会和经济演化的一般原理》［和 T. 克努森（T. Knudsen）合著］，芝加哥，芝加哥大学（University of Chicago）出版社，2010 年。

《从娱乐机器到道德社区：没有理性经济人的进化经济学》，芝加哥，芝加哥大学（University of Chicago）出版社，2013 年。

《资本主义的本质：制度、演化和未来》，芝加哥，芝加哥大学（University of Chicago）出版社，2015 年。

一、目前的现实层级与新情况

霍奇森延续凡勃伦的方法，认为达尔文主义可以解释为一种普遍的方法，其范围远远超出了生物学本身。由于对社会达尔文主义的诋毁，他们认为某些种族主义或纳粹理论引用了所谓的达尔文主义，为此，在历史上很长一段时间里一直引起人们对引进生物学论点过度的猜疑。实际上，达尔文提出的三项主要原则（变异、遗传和选择），以及“进化的解释原则”（凡勃伦采用的原则），适用于各种自然现象，也包括社会现象。每个学科都能使用达尔文原则并加上自己领域的补充解释，因此，这些达尔文原则应被视为普遍有效的理论。即使达尔文主义不能完整地解释社会经济现象，但“它包含有力的本体论，是一种普遍的元理论，可以结合特定的理论，它构成了丰富的—尽管可选—类比的来源”（霍奇森，2002：278）。进化思想在社会科学领域，特别是经济学领域的复兴，有可能在双重意义上“给经济学带来了生机”。第一重意义是振兴经济学，第二重意义是使经济学与现代生物学主题重新关联而不会陷入简化论的泥潭中。

在霍奇森看来，这两个相关主题说明了这种重新连接的力量，但是凡勃伦没有论述这两个主题。第一个基本主题是任何自然或社会现实的组织都存在多层级的概念，作者从分层或多层次本体论（多层本体论）角度对这一主题进行了分析。例如，物理、分子、有机体、精神、个人以及最后的社会层级都是连续并相互依存的。“每种事物都属于某一个层级，每个层级在一定范围内具有相对的自主性和稳定性”（霍奇森，2004：32）。区分现实层级的，是当一个现实层级上升到一个更高层级时新出现的属性。第二个基本主题是“出现”的概念，它指的是性质上的新颖性。“如果一个属性的存在和性质取决于较低级别的实体，则这一属性可定义为‘新出现’的，但是该属性既不能还原为较低级别实体的属性，也不能从较低级别实体的属性中预测出来”（霍奇森，2004：32）。这种观点对制度经济学产生了深远的影响，因为制度经济学研究从一开始便具有演化的特点，这种影响包括有可能证明使用制度作为分析单位是合理的，并有可能显示出直接将宏观经济学建立在新古典主义的“微观经济学基础”之上的尝试的还原主义性质（霍奇森，2004：XIX）。

二、对于演化制度学

如果涂尔干将社会学定义为“制度科学”，那么霍奇森则建议通过创建研究经济和社会制度的专门学科来扩展经济学和社会学领域，即“制度学”（Thesmology，其词根来源于希腊语 Thesmos，意指“制度”）。制度学的研究目的是研究构成社会生活的制度元素的规则、规范和结构的性质、形成和演化（霍奇森，2001：349）。其子学科包括政治制度学、组织学等。

霍奇森将制度定义为社会规则，这一点与诺斯接近，但与诺斯不同的是，他保留了原始制度主义所产生的广泛概念，其中包括按制度归类的组织类别。“制度是一套嵌入既定的社会规则和惯例的持久的系统，并建立了社会互动。语言、货币、法律、度量衡体系、餐桌礼仪、公司（和其他组织）都统称为制度。制度具有持久性的部分原因是因为它们可以有效地对他人的行为作出稳定的预期。通常，制度通过对人类强加具体的形式和连贯性，使人类能进行有序的思考、预期和行动。制度取决于个人的思想和行为，但不能简化为个人的思想和行为”（霍奇森，2003：163）。至于组织，它们是特殊的制度形式，涉及以下几个方面：标准设置，划定界限并区分成员与非成员的标准；主权原则，明确控制权的归属；指挥系统，明确责任（霍奇森，2006）。

三、法律制度主义和财产的中心作用

霍奇森的理论演变为“法律制度主义”，强调建立在国家和司法系统权力基础上的由一般制度组成的共享规则体系中法律规则的基本作用［霍奇森，2015；迪肯（Deakin）等，2017］。霍奇森认为，“资本主义、财产、货币、市场和企业通常由国家决定，并且部分由国家建立”（霍奇森，2015：7）。现代法的重要性与资本主义的发展直接相关。

矛盾的是，财产权理论与权利无关，因为它主要不考虑国家批准的合法所有权；与财产无关，因为它实际上着重点在于占有。但是，如果“占有”是指实际控制或使用某物的能力，则“财产”涵盖了合法法律机构认可的一系列权利（霍奇森，2015：124）。正如康芒斯在《资本主义法律基础》中所强调的那样，财产交换不只是涉及两个部分，而是涉及三个部分，其中第三部分是国家或“上级权力机关”。财产代表着制度化的社会关系，包括权利、利益和义务。

霍奇森的法律制度主义与马克思的观点相反，马克思也将财产和占有视为同一；它与哈耶克的理论也不同，对于哈耶克来说，“法律”先于立法存在；它也不同于威廉姆森的观点，威廉姆森特别重视“私人安排”。霍奇森的法律制度主义强调财产的中心地位和国家的决定性作用。与凡勃伦的理论相比，这种演变使法律制度主义更接近于康芒斯的传统。

第五章

制度主义的统一性与多样性

无论研究什么样的经济问题，都必须考虑制度的重要性和影响力。实际上，自现代经济思想产生以来，大量的流派和理论已在不同程度上接受了这一观点。然而，各种流派开始明确考虑制度在经济学中的作用，并试图对这一作用用理论化的方法解读，换句话说，在 19 世纪末 20 世纪初和 20 世纪末 21 世纪初的两次世纪之交，构成制度经济学学派的各种流派得到了长足的发展。这一学派非常多元化，但这一学派的所有流派仍然拥有着一些共同关注的主题。

一、共同的重大主题

第一个主题显然是这样的思想，即由于经济作为一个社会活动领域从根本上是“制度化的”，经济学作为科学或学科必须考虑并研究制度：经济学必须将制度视为其研究领域之内的问题，而不是外在的问题。然而，在新古典主义范式的影响下（这一范式旨在使经济学经过公理化和正规化成为一门与其他社会科学明显不同的硬科学），将制度作为外在问题的观点实际上在20世纪占据了主导地位。因此，制度主义学派的成员通常也会批评或远离新古典主义传统，特别是批评或远离新古典主义传统对个人理性计算的假设以及对数学形式化的坚持。

这一学派的第二个占主导地位的共同主题，是人们对经济学研究中的“变化”问题有着极大的兴趣。的确，制度代表着永远处于变化之中的世界当中的稳定元素。作为一个系统或制度形式的资本主义，其历史起源就是各种连续性的变迁。这一理论最初由马克思和熊彼特（我们可以将这两位学者归入制度经济学学派）创立，至今仍然是解释这一制度体系的最深入的论断。即使制度具有一定的持久性，它们也会发生变化，制度会诞生、发展、消亡。采用制度主义方法不可避免地会遇到历史学家面对的一个经典问题：连续性与变化之间的关系。更确切地说，是制度变化和经济进程中时序性变迁的多样性问题，也可称为“变化的差异性”。结果是，人们对“进程”或累积变化的时序性的兴趣比以“均衡”为中心的方法（新古典传统的中心概念）更为重要。至少经济学家们倾向于按照他们与新古典主义传统的距离进行进程分析。

制度经济学学派的另一个常见的特点是关于“出现”的主题。个人或集体行动不可预见的、有时不被人理解的后果，组合或聚合的影响，无论是被判断为有益的（“看不见的手”的类型）、有害的（不利的影响）还是矛盾的，均占重要地位，特别是当我们明确考虑经济现实的多个层面之间的相互作用，如个人、组织、制度与经济或整个社会之间的相互作用时。

二、显著的多样性

在本书中，我们已经指出了不同作者或流派之间显著的差异，有些差异比较明显，但这些作者或流派仍不免被归为同一流派或传统。例如，美国制度主义中凡勃伦与康芒斯之间的差异［科内尔（Corei），1995］，新制度经济学中威廉姆森与诺斯之间的差异，或法国制度主义的调节学派与惯例学派之间的差异。这些内部差异以一种复杂的方式结合，与各种流派或学派的差异特征一起，构成了广义的制度经济学学派［卡巴莱罗（Caballero）、索托－奥纳特（Soto－Onate），2015；霍奇森，2014］。虽然我们能看到这些学派表现出局部的相似性，如奥地利的传统与旧的（或新的）制度经济学之间的相似性，但是它们的分歧主要体现在学说、方法论和理论上。

令人惊讶的是，经济自由主义和干预主义或社会主义之间的一系列理论立场实际上在制度经济学的各个学派中都得到了体现。奥地利传统以强大的原教旨主义的自由主义为特征，另一个极端则是波兰尼的社会主义倾向、康芒斯为寻求合理资本主义而进行的积极改良主义，或施穆勒的针对专制主义的改良主义。总的来说，新制度经济学一般倾向于自由主义，而非正统的制度主义接近于资本主义的干预主义或改良主义，对经济自由主义持批判态度。因此，学术立场和制度主义学派之间并没有直接关系。

顺便指出的是，新古典传统被证明可以适用于多种多样的学派，例如，曾存在过它与某些凯恩斯主义元素相结合的时期，因此，只把其归入经济自由主义学派，恐怕考虑得过分简单。

在分析制度问题时所采用的方法论立场也出现了类似的多样性。制度经济学研究的不同趋势常常引起方法论个体主义（所有解释都建立在个人行为基础之上）与整体论或方法论集体主义（将集体结构作为个体行为的决定因素）的对立差异化。这种差异化是可以理解的，因为个体行为与制度之间的相互作用是制度主义方法关注的重点。根据学者或流派的观点，个体主义或整体方法论倾向仍然始终占主导地位，个体主义和整体主义之间的调和仍然是可望而不可即的，并且没有这方面的著作。

与新古典主义理论的差异或针对新古典主义的批评，在制度经济学的各种流派中表现得极为不同。制度主义刚出现的时候与古典学派相对立，后来又与新古典学派相对立，正如奥地利传统首先表现出与新古典学派的相似性，然后在20世纪下半叶与新古典学派逐渐疏远。至于新制度经济学，它与新古典主义极为不同，这种不同可以被解释为一种内部差异，新制度经济学有时甚至与新古典主义彻底决裂[①]。

最后，在制度也是诸如社会学、政治学、历史学等学科的研究对象的情况下，制度经济学改变了社会科学之间的传统界限。从逻辑上讲，多学科倾向是制度经济学不同流派的共同特征。但是，不同流派的喜好是多样化的，一些经济学家喜欢与社会学相联系，另一些则喜欢与法律甚至历史相联系，还有其他经济学家喜欢与认知科学相联系。经济学的制度方法还未与已实践或期望的多学科类型有直接联系。然而，制度主义经济学家往往倾向于研究历史问题或采用历史方法。

三、理论分歧

除了前面提到的分歧，我们当然必须强调有关制度及其起源、作用（或功能）、变化（或它们的演变），以及它们在特定时期或历史上经济的各种“绩效”关系中的各种实质性的概念，本书阐述了这些分歧。表 5－1 中有选择性地总结了其中的一些内容，这些内容至关重要。

众多分歧被总结在这里［卢瑟福（Rutherford），1994；

① 然而，必须分辨这种分歧或决裂的细微差别，因为新古典传统本身就构成了一个内部差异很大的大学派，理论边界很模糊，直到今天也很难划分清楚。但是，新古典传统中不同流派的共同基础仍然在于：理性和个人偏好、市场和竞争理念、均衡范式、最优化问题、将次优的实证情况与一般均衡最优状态进行比较的隐含性规范方法。

施密德（Schmid），2004；曼塔维诺斯（Mantzavinos），2008］。这些分析关注的重点可能在于制度的形成是自下而上自发形成的，或者集中在自上而下建立的制度上。可以从改革或维护现有制度的角度进行制度分析；社会主义（哈耶克）批判或资本主义（凡勃伦）批判可能会引导制度分析；也可以使用非常不同的人类行为和心理学方法进行制度分析；等等。

表 5－1　制度经济学理论：比较研究

概念	施穆勒	凡勃伦	康芒斯	门格尔	哈耶克
制度的性质	一套习惯和规则（习俗、道德、法律），有目的，形成系统	共有的思想和行为习惯	控制个体行动的集体行动	表现出相对于整体的功能性的社会现象	规则、秩序
制度的范式	国家	私有财产；厂商；有闲阶级	经营中的机构，普通法	货币	货币、语言、道德、法律（普通法）
对于非正式和/或正式制度的分析	非正式和正式（习俗和法律）	非正式	正式	非正式与正式（有机的和务实的）	非正式（传统）
组织（与制度相关）	制度的“器官”：宗族、家庭、协会、行会、企业、国家	隐含地暗示：组织即制度	营利商行（组织＝制度）	隐含地暗示：组织即制度	组织的秩序（与基于不同规则的自发秩序相反）

续表

概念	施穆勒	凡勃伦	康芒斯	门格尔	哈耶克
演化理论	历史阶段	方法论达尔文主义；制度的自然选择(+历史阶段)	制度的人工选择(+历史阶段)	创新+模仿；“看不见的手”	文化演化，通过选择团体来选择规则
历史与制度经济学	历史学派	直接参考历史	程式化的历史	方法论之争：精确方法对历史方法	悠久的文化历史
制度的性质	交易治理模式	博弈规则；正式和非正式约束，执法	关于博弈方式的信仰的自持系统（均衡）	基本关系的编撰；制度化的妥协	构建互动的嵌入式社会规则系统
制度的范式	市场、等级制度	财产	企业	工资制、货币、国家	财产
对于非正式和/或正式制度的分析	非正式(私人安排)	正式	正式	正式	非正式和正式（法律制度主义）
组织（与制度相关）	等级制度(组织=治理形式=制度)	参与者(在成为制度的规则中)；组织与制度不同	组织既是制度又是参与者	提及的区分组织/制度(参考诺斯)	组织即制度
演化理论	基于交易成本最小化的选择(不等于演化)	权力集团引入新规则；路径依赖，锁定	重复博弈论，多重平衡	配置中的紧张局势加剧；发生危机的演化	通用的达尔文主义（凡勃伦）

续表

概念	施穆勒	凡勃伦	康芒斯	门格尔	哈耶克
历史和制度经济学	有关大公司参考钱德勒（Alfred Dupont Chandler）	覆盖几个世纪的悠久历史	诉诸当代国家、部门或地方模型	年鉴学派；历史宏观经济学	思想史；“历史特殊性”问题

四、制度经济学的局限性与一般理论

评价和比较不同制度经济学理论的一个特殊难题是，当学者意欲建立一种通用的制度理论时，评估和比较不可避免地会遇到与所寻求研究的“问题类型”有关的某些限制。这些问题可能存在于宏观或微观（或中观）层面，它们具有历史性，或反之具有逻辑性，它们涉及正式或非正式制度（沙旺斯，2008），它们更多地集中于组织领域或超出组织领域……研究对象之间的这些差异是自然而然存在的，与之前提到的学派、方法论和理论上的分歧结合在一起。但是，当一位作者或一个学派为了解决一定时间或领域内相对特定的问题而通过扩展和概括概念构建制度经济学的一般理论时，会由于所选择研究的特定主题，造成提出的理论存在局限性或片面性。

我们已经看到很多类似的例子，例如，康芒斯的方法是将20世纪初的美国经验作为“制度经济学”的理论基础；哈耶克建立了秩序和规则的一般理论，从而反驳社会主义（和凯恩斯主义）的建构主义主张；诺斯质询西方国家经济成功的特殊性，或以理解历史和继承福特主义为目的创建调节理论，……但是，必须强调的是，任何社会科学理论都不可避免地受时代、环境及其首选“对象”的制约。通常来说，杰出的思想家或一个流派的研究人员的贡献都源于他们选择优先探索的或多或少划定界限的主题研究的结果，他们的贡献使我们能够发现更广泛甚至普遍性的问题。这就是为什么对各种理论及其历史的了解以及对它们的批判仍然是开展任何新的创造性研究的必经之路。

参考书目 | REFERANCE BIBLIOGRAPHY

Note : la première date indiquée pour un ouvrage ou un article est celle de la publication originelle. Le cas échéant, l'édition effectivement utilisée ici est indiquée ensuite.

Ouvrages et articles cités

ACEMOGLU D., JOHNSON S. et ROBINSON J. (2001), « The colonial origins of comparative development : an empirical investigation », *American Economic Review*, vol. 91, n° 5.

— (2005), « Institutions as the fundamental cause of long-run growth », *in* AGHION P. et DURLAUF S. (dir.), *Handbook of Economic Growth*, vol. 1, Amsterdam, Elsevier.

ACEMOGLU D. et ROBINSON J. (2006), *Economic Origins of Dictatorship and Democracy*, Cambridge, Cambridge University Press.

— (2012), *Why Nations Fail. The Origins of Power, Prosperity, and Poverty*, New York, Crown.

ALBERT M. (1991), *Capitalisme contre capitalisme*, Paris, Seuil.

AMABLE B. (2005), *Les Cinq Capitalismes. Diversité des systèmes économiques et sociaux dans la mondialisation*, Paris, Seuil.

— (2016), « Institutional complementarities in the dynamic comparative analysis of capitalism », *Journal of Institutional Economics*, vol. 12, n° 1.

— (2017), *Structural Crisis and Institutional Change in Modern Capitalism. French Capitalism in Transition*, Oxford, Oxford University Press.

AOKI M. (2000), *Information, Corporate Governance, and Institutional Diversity. Competitiveness in Japan, the USA, and the Transition Economies*, Oxford, Oxford University Press.

— (2001), *Fondements d'une analyse institutionnelle comparée* (*Toward a Comparative Institutional Analysis*), Paris, Albin Michel, 2006.

BATIFOULIER P. et LARQUIER G. DE (2001), « De la convention et de ses usages », *in* BATIFOULIER P. (dir.), *Théorie des conventions*, Paris, Economica.

BAZZOLI L. (1999), *L'Économie politique de John R. Commons. Essai sur l'institutionnalisme en sciences sociales*, Paris, L'Harmattan.

BIENCOURT O., CHASSERANT C. et REBÉRIOUX A. (2001), « L'économie des conventions : l'affirmation d'un programme de recherche », *in* BATIFOULIER P. (dir.), *Théorie des conventions*, Paris, Economica.

BERGER S. et DORE R. (dir.) (1996), *National Diversity and Global Capitalism*, Ithaca, Cornell University Press.

BILLAUDOT B. (2001), *Régulation et croissance : une macroéconomie historique et institutionnelle*, Paris, L'Harmattan.

BOHLE D. et GRESKOVITS B. (2012), *Capitalist Diversity on Europe's Periphery*, Ithaca, Cornell University Press.

BOLTANSKI L. et CHIAPELLO E. (1999), *Le Nouvel Esprit du capitalisme*, Paris, Gallimard.

BOLTANSKI L. et THÉVENOT L. (1991), *De la justification. Les économies de la grandeur*, Paris, Gallimard.

BOYER R. (1986), *La Théorie de la régulation : une analyse critique*, Paris, La Découverte.

— (2004a), *Théorie de la régulation. 1. Les Fondamentaux*, Paris, La Découverte, « Repères ».

— (2004b), *Une théorie du capitalisme est-elle possible ?* Paris, Odile Jacob.

— (2015), *Économie politique des capitalismes. Théorie de la régulation et des crises*, Paris, La Découverte, « Grands Repères/Manuels ».

BOYER R. et FREYSSENET M. (2000), *Les Modèles productifs*, Paris, La Découverte, « Repères ».

BOYER R. et HOLLINGSWORTH J. (dir.) (1997), *Contemporary Capitalism. The Embeddedness of Institutions*, Cambridge University Press, Cambridge.

BOYER R. et SAILLARD Y. (dir.) (2002), *Théorie de la régulation : l'état des savoirs*, La Découverte, 2e éd.

CABALLERO G. et SOTO-OÑATE D. (2015), « The diversity and rapprochement of theories of institutional change : original institutionalism and new institutional economics », *Journal of Economic Issues*, vol. 49, n° 4.

CALDWELL B. (2005), *Hayek's Challenge. An Intellectual Biography of F. A. Hayek*, Chicago, University of Chicago Press.

CHANG H.-J. (2007), « Understanding the relationship between institutions and economic development. Some key theoretical issues », *in* CHANG H.-J. (dir.), *Institutional Change and Economic Development*, Tokyo, United Nations University Press/Londres, Anthem Press.

— (2011), « Institutions and economic development : theory, policy and history », *Journal of Institutional Economics*, vol. 7, n° 4.

CHANTEAU J.-P. et LABROUSSE A. (2013), « L'institutionnalisme méthodologique d'Ostrom : quelques enjeux et controverses », *Revue de la régulation*, n° 14, automne.

CHASSE J. D. (2017), *A Worker's Economist. John R. Commons and His Legacy from Progressivism to the War on Poverty*, Londres, Routledge.

CHAVANCE B. (2007), « L'économie institutionnelle entre orthodoxie et hétérodoxie économiques », *Revue du MAUSS*, n° 30, second semestre, octobre.

— (2008), « Formal and informal institutional change : the experience of postsocialist transformation », *European Journal of Comparative Economics*, vol. 5, n° 1, juin.

— (2009), *Marx et le capitalisme. La dialectique d'un système*, Paris, Armand Colin.

— (2012), « John Commons's organizational theory of institutions : a discussion », *Journal of Institutional Economics*, vol. 8, n° 1, mars.

COASE R. (1937), « La nature de la firme » (« The nature of the firm »), *La Firme, le marché et le droit*, Paris, Diderot Éditeur, 1997.

— (1998), « The new institutional economics », *American Economic Review*, vol. 88, n° 2, mai.

COMMONS J. (1899-1900), *A Sociological View of Sovereignty*, New York, Augustus Kelley, 1967.

— (1924), *The Legal Foundations of Capitalism*, Madison, University of Wisconsin Press, 1968.

— (1934), *Institutional Economics. Its Place in Political Economy*, New Brunswick/Londres, Transactions Publishers, 1990, 2 vol.

— (1950), *The Economics of Collective Action*, Madison, University of Wisconsin Press, 1970.

COREI T. (1995), *L'Économie institutionnaliste. Les fondateurs*, Paris, Economica.

CROUCH C. (2005), *Capitalist Diversity and Change. Recombinant Governance and Institutional Entrepreneurs*, Oxford, Oxford University Press.

DALE G. (2016), *Karl Polanyi. A Life on the Left*, New York, Columbia University Press.

DEAKIN S., GINDIS D., HODGSON G., HUANG K. et PISTOR K. (2017), « Legal institutionalism : capitalism and the constitutive role of law », *Journal of Comparative Economics*, vol. 45, n° 1.

DELORME R. et ANDRÉ C. (1983), *L'État et l'économie. Un essai d'explication des dépenses publiques en France*, Paris, Seuil.

DENZAU A. et NORTH D. (1994), « Shared mental models : ideologies and institutions », *Kyklos*, vol. 47, n° 1.

EUCKEN W. (1940), *The Foundations of Economics. History and Theory in the Analysis of Economic Reality* (*Grundlagen der Nationalökonomie*), Londres, William Hodge & Co, 1950.

— (1952), *Grundsätze der Wirtschaftspolitik*, Bern-Tübingen, J.C.B. Mohr.

EVANS P. (2007), « Extending the institutional turn : property, politics and development trajectories », *in* CHANG H.-J. (dir.), *Institutions for Economic Development. Theory, History, and Contemporary Experiences*, Tokyo, United Nations University Press/Londres, Authem Press.

FAVEREAU O. (1989), « Marchés internes, marchés externes », *in* « L'économie des conventions », *Revue économique*, vol. 40, n° 2, mars.

— (1999), « Salaire, emploi et économie des conventions », *Cahiers d'économie politique*, n° 34.

FAVEREAU O. et THÉVENOT L. (1996), « Réflexions sur une notion d'équilibre utilisable dans une économie de marchés et d'organisations », *in* BALLOT G. (dir.), *Les Marchés internes du travail : de la microéconomie à la macroéconomie*, Paris, PUF.

FIELD A. (1979), « On the explanation of rules using rational choice models », *Journal of Economic Issues*, vol. XIII, n° 1, mars.

— (1994), « Game theory and institutions », *in* HODGSON G. *et al.* (dir.) (1994), *The Elgar Companion to Institutional and Evolutionary Economics*, vol. 1, Aldershot, Edward Elgar.

FLEETWOOD S. (1995), *Hayek's Political Economy : the Socio-economics of Order*, Londres/New York, Routledge.

GISLAIN J.-J. (1999), « Les conceptions évolutionnaires de T. Veblen et J. R. Commons », *Économies et Sociétés*, hors-série, vol. 35, n° 1.

— (2017), « Futurité, origine des institutions économiques », *Économie et institutions*, n° 25.

GLAESER E. et SHLEIFER A. (2002), « Legal origins », *Quarterly Journal of Economics*, vol. 117, n° 4.

GREIF A. (1994a) « Cultural beliefs and the organization of society : a historical reflection on collectivist and individualistic societies », *Journal of Political Economy*, vol. 102, n° 5, octobre.

— (1994b), « On the political foundations of the late medieval commercial revolution : Genoa during the twefth and thirteenth centuries », *Journal of Economic History*, vol. 54, n° 2.

— (1998), « Historical and comparative institutional analysis », *American Economic Review*, vol. 88, n° 2, mai.

— (2006), *Institutions and the Path to Modern Economy. Lessons from Medieval Trade*, Cambridge, Cambridge University Press.

HALL P. et SOSKICE D. (2001), *Varieties of Capitalism. The Institutional Foundations of Comparative Advantage*, Oxford, Oxford University Press.

HAMILTON W. (1919), « The institutional approach to economic theory », *American Economic Review*, vol. 9, n° 1, mars.

— (1932), « Institution », *in* SELIGMAN E. et JOHNSON A. (dir.), *Encyclopedia of the Social Sciences*, vol. 8, New York, Macmillan (repris *in Journal of Institutional Economics*, vol. 1, n° 2, décembre 2005).

HAYEK F. (1944), *La Route de la servitude*, Paris, PUF, 2002.

— (1960), *La Constitution de la liberté*, Paris, Litec, 1994.

— (1967a), « Notes on the evolution of systems of rules of conduct », *in Studies in Philosophy, Politics and Economics*, Chicago, The University of Chicago Press.

— (1967b), « The theory of complex phenomena », *Studies in Philosophy, Politics and Economics*, Chicago, The University of Chicago Press.

— (1973), *Droit, législation et liberté*, vol. 1, *Règles et ordres*, Paris, PUF, 1995.

— (1976), *Droit, législation et liberté*, vol. 2, *Le Mirage de la justice sociale*, Paris, PUF, 1995.

— (1979), *Droit, législation et liberté*, vol. 3, *L'Ordre politique d'un peuple libre*, Paris, PUF, 1995.

— (1988), *La Présomption fatale. Les erreurs du socialisme*, Paris, PUF, 1993.

HÉDOIN C. (2014), *L'Institutionnalisme historique et la relation entre théorie et histoire en économie*, Paris, Classiques Garnier.

HODGSON G. (dir.) (1993), *The Economics of Institutions*, Aldershot, Edward Elgar.

— (1994), « The return of institutional economics », *in* SMELSER N. et SWEDBERG R. (dir.), *Handbook of Economic Sociology*, Princeton, Princeton University Press.

— (1998), « The approach of institutional economics », *Journal of Economic Literature*, vol. XXXVI, mars.

— (2000), « What is the essence of institutional economics », *Journal of Economic Issues*, vol. XXXIV, n° 2, juin.

— (2001), *How Economics Forgot History. The Problem of Historical Specificity in Social Science*, Londres, Routledge.

— (2002), « Darwinism in economics : from analogy to ontology », *Journal of Evolutionary Economics*, vol. 12, n° 2, juin.

— (2003), « The hidden persuaders : institutions and individuals in economic theory », *Cambridge Journal of Economics*, vol. 27, n° 2, mars.

— (2004), *The Evolution of Institutional Economics. Agency, Structure and Darwinism in American Institutionalism*, Londres, Routledge.

— (2006), « What are institutions ? », *Journal of Economic Issues*, vol. 40, n° 1, mars.

— (2014), « On fuzzy frontiers and fragmented foundations : some reflections on the original and new institutional economics », *Journal of Institutional Economics*, vol. 10, n° 4.

— (2015), *Conceptualizing Capitalism. Institutions, Evolution, Future*, Chicago, University of Chicago Press.

HODGSON G., SAMUELS W. et TOOL M. (dir.) (1994), *The Elgar Companion to Institutional and Evolutionary Economics*, Aldershot, Edward Elgar, 2 vol.

KORNAI J. (1992), *Le Système socialiste. Économie politique du communisme*, Grenoble, PUG, 1995.

LABROUSSE A. (2009), « Le *Methodenstreit* : une affaire close ? », *in* ALCOUFFE A. et DIEBOLD C. (dir.), *La Pensée économique de langue allemande*, Paris, Economica.

LABROUSSE A. et WEISZ J.-D. (dir.) (2001), *Institutional Economics in France and Germany. German Ordoliberalism vs. the French Regulation School*, Berlin/New York, Springer.

LA PORTA R., LOPEZ-DE-SILANES F., SHLEIFER A. et VISHNY R. (1997), « Legal determinants of external finance », *Journal of Finance*, vol. 52, n° 3.

— (1998), « Law and finance », *Journal of Political Economy*, vol. 106, n° 6.

LAVOIE M. (2004), *L'Économie post-keynésienne*, Paris, La Découverte, « Repères ».

— (2015), *Post-Keynesian Economics. New Foundations*, Cheltenham, Edward Elgar.

LEWIS D. (1969), *Convention. A Philosophical Study*, Cambridge, Harvard University Press.

LORDON F. (1994), « Modéliser les fluctuations, le changement structurel et les crises », *Revue d'économie politique*, vol. 104, n° 2/3.

MANTZAVINOS C. (2008), *Individus, institutions et marchés*, Paris, PUF.

MAUCOURANT J. (2005), *Avez-vous lu Polanyi ?* Paris, La Dispute.

MENGER C. (1871), *Grundsätze der Volkswirtschaftslehre*, Tübingen, J.C.B. Mohr.

— (1883), *Investigations into the Method of the Social Sciences, With Special Reference to Economics* (*Untersuchungen über die Methode der Sozialwissenschaften und der Politischen Œkonomie insbesondere*), New York, New York University Press, 1985.

— (1892), « On the origins of money », *Economic Journal*, n° 2, juin.

NELSON R. et WINTER S. (1982), *An Evolutionary Theory of Economic Change*, Cambridge, Harvard University Press.

NEMO P. (1988), *La Société de droit selon F.A. Hayek*, Paris, PUF.

NORTH D. (1981), *Structure and Change in Economic History*, New York, W.W. Norton & Co.

— (1990), *Institutions, Institutional Change and Economic Performance*, Cambridge, Cambridge University Press.

— (1994), « Economic performance through time », *American Economic Review*, vol. 84, n° 3, juin.

— (2005), *Le Processus de développement économique* (*Understanding the Process of Economic Change*), Paris, Éditions d'Organisation.

NORTH D., WALLIS J.J. et WEINGAST B. (2010), *Violence et ordres sociaux*, Paris, Gallimard (1re édition, *Violence and Social Orders. A Conceptual Framework for Interpreting Recorded Human History*, Cambridge/New York, Cambridge University Press, 2009).

O'BRIEN D. (1998), « Hayek, Friedrich August von (1899-1992) », *in* NEWMAN P. (dir.), *The New Palgrave Dictionary of Economics and the Law*, vol. 1, Londres, Macmillan.

OSTROM E. (1990), *Gouvernance des biens communs. Pour une nouvelle approche des ressources naturelles*, Bruxelles, De Boeck, 2010 (1re édition, *Governing The Commons. The Evolution of Institutions for Collective Action*, Cambridge/New York, Cambridge University Press, 1990).

— (2005), *Understanding Institutional Diversity*, Princeton, Princeton University Press.

OSTROM E. et BASURTO X. (2013), « Façonner des outils d'analyse pour étudier le changement institutionnel », *Revue de la régulation*, n° 14, automne.

PETIT P. (2006), « Socio-institutional changes in the post-fordist era », *in* CORIAT B., PETIT P. et SCHMEDER G. (dir.), *The Hardship of Nations : Exploring the Paths of Modern Capitalism*, Cheltenham, Edward Elgar.

POLANYI K. (1944), *La Grande Transformation. Aux origines politiques et économiques de notre temps*, Paris, Gallimard, 1983.

— (1957), « L'économie comme processus institutionnalisé », *in* POLANYI K., ARENSBERG C. et PEARSON K. (dir.) (1957), *Commerce et marché dans les premiers empires* (*Trade and Market in the Early Empires*), Lormont, Le Bord de l'eau, 2017.

— (1968), *Primitive, Archaic and Modern Economies. Essays of Karl Polanyi*, édition de G. DALTON, Boston, Beacon Press.

— (1977), *La Subsistance de l'homme*, Paris, Flammarion, 2011.

RODRIK D., SUBRAMANIAN A. et TREBBI F. (2004), « Institutions rule : the primacy of institutions over geography and integration in economic development », *Journal of Economic Growth*, vol. 9, n° 2.

RUTHERFORD M. (1994), *Institutions in Economics. The Old and the New Institutionalism*, Cambridge, Cambridge University Press.

— (2011), *The Institutionalist Movement in American Economics, 1918-1947. Science and Social Control*, New York, Cambridge University Press.

SCHMID A. (2004), *Conflict and Cooperation. Institutional and Behavioral Economics*, Malden, Blackwell Pub.

SCHMOLLER G. (1900), *Principes d'économie politique*, tome 1 (*Grundriss der allgemeinen Volkswirtschaftlehre*, vol. 1), Paris, Giard et Brière, 1905.

SCHOTTER A. (1981), *The Economic Theory of Social Institutions*, Cambridge, Cambridge University Press.

SIMON H. (1987), « Satisficing », *in* EATWELL J. *et al.* (dir.), *The New Palgrave Dictionary of Economics*, vol. 4, Londres, Macmillan.

— (1991), « Organizations and markets », *Journal of Economic Perspectives*, vol. 5, n° 2, printemps.

SKIDELSKY R. (1995), *John Maynard Keynes*, vol. 2, *The Economist as Savior 1920-1937*, New York, Penguin Books.

THÉRET B. (2000), « Institutions et institutionnalismes. Vers une convergence des conceptions de l'institution ? », *in* TALLARD M., THÉRET B. et URI D. (dir.), *Innovations institutionnelles et territoires*, Paris, L'Harmattan.

— (2001), « Saisir les faits : la méthode Commons », *Cahiers d'économie politique*, n° 40-41.

TILMAN R. (dir.) (1993), *A Veblen Treasury. From Leisure Class to War, Peace, and Capitalism*, Armonk, M.E. Sharpe.

VANBERG V. (1994), *Rules and Choice in Economics*, Londres, Routledge.

VEBLEN T. (1896-1897), « The socialist economics of Karl Marx and his followers », *Quarterly Journal of Economics*, août 1896-

février 1897 (repris *in* VEBLEN T. (1919), *The Place of Science in Modern Civilization*, New York, Russel & Russel, 1961).

— (1898), « Why is economics not an evolutionary science ? », *Quarterly Journal of Economics*, juillet 1898 (repris *in* VEBLEN T. (1919), *The Place of Science in Modern Civilization*, New York, Russel & Russel, 1961).

— (1899), *Théorie de la classe de loisir*, Paris, Gallimard, 1970.

— (1899-1900), « The preconceptions of economic science », *Quarterly Journal of Economics*, janvier 1899-juillet 1899-février 1900 (repris *in* VEBLEN T. (1919), *The Place of Science in Modern Civilization*, New York, Russel & Russel, 1961.

— (1901a), « Gustav Schmoller's economics », *The Quarterly Journal of Economics*, vol. XVI, novembre (repris *in* VEBLEN T. (1919), *The Place of Science in Modern Civilization*, New York, Russel & Russel, 1961).

— (1901b), « Industrial and pecuniary employments », *in* TILMAN R. (dir.) (1993), *A Veblen Treasury. From Leisure Class to War, Peace, and Capitalism*, Armonk, M.E. Sharpe.

— (1904), *The Theory of Business Enterprise*, New York, Charles Scribners.

— (1906), « The socialist economics of Karl Marx and his followers », *The Quarterly Journal of Economics*, vol. XX, août (repris *in* VEBLEN T. (1919), *The Place of Science in Modern Civilization*, New York, Russel & Russel, 1961).

— (1909), « The limitations of marginal utility », *Journal of Political Economy*, vol. XVII, n° 9, novembre (repris *in* VEBLEN T. (1919), *The Place of Science in Modern Civilization*, New York, Russel & Russel, 1961).

— (1914), *The Instinct of Workmanship, and the State of the Industrial Arts*, New York, Augustus Kelley, 1963.

— (1919), *The Place of Science in Modern Civilization*, New York, Russel & Russel, 1961.

— (1921), *The Engineers and the Price System*, New York, Harcourt Brace and World (tr. fr. *Les Ingénieurs et le capitalisme*, Paris, Gordon & Breach, 1971).

WALLISER B. (1989), « Théorie des jeux et genèse des institutions », *Recherches économiques de Louvain*, vol 55, n° 4.

WALRAS L. (1898), *Études d'économie politique appliquée*, Lausanne, F. Rouge & Cie/Paris, R. Pichon et R. Durand-Auzias, 1936.

WILLIAMSON O. (1975), *Markets and Hierarchies. Analysis and Antitrust Implications*, New York, The Free Press.

— (1985), *Les Institutions de l'économie* (*The Economic Institutions of Capitalism. Firms, Markets, Relational Contracting*), Paris, Interéditions, 1994.

— (1996), *The Mechanisms of Governance*, New York, Oxford University Press.

— (2000), « The new institutional economics : taking stock, looking ahead », *Journal of Economic Literature*, vol. XXXVIII, septembre.

février 1897 (repris *in* Veblen T. (1919), *The Place of Science in Modern Civilization*, New York, Russel & Russel, 1961).
— (1898), « Why is economics not an evolutionary science ? », *Quarterly Journal of Economics*, juillet 1898 (repris *in* Veblen T. (1919), *The Place of Science in Modern Civilization*, New York, Russel & Russel, 1961).
— (1899), *Théorie de la classe de loisir*, Paris, Gallimard, 1970.
— (1899-1900), « The preconceptions of economic science », *Quarterly Journal of Economics*, janvier 1899-juillet 1899-février 1900 (repris *in* Veblen T. (1919), *The Place of Science in Modern Civilization*, New York, Russel & Russel, 1961.
— (1901a), « Gustav Schmoller's economics », *The Quarterly Journal of Economics*, vol. XVI, novembre (repris *in* Veblen T. (1919), *The Place of Science in Modern Civilization*, New York, Russel & Russel, 1961).
— (1901b), « Industrial and pecuniary employments », *in* Tilman R. (dir.) (1993), *A Veblen Treasury. From Leisure Class to War, Peace, and Capitalism*, Armonk, M.E. Sharpe.
— (1904), *The Theory of Business Enterprise*, New York, Charles Scribners.
— (1906), « The socialist economics of Karl Marx and his followers », *The Quarterly Journal of Economics*, vol. XX, août (repris *in* Veblen T. (1919), *The Place of Science in Modern Civilization*, New York, Russel & Russel, 1961).
— (1909), « The limitations of marginal utility », *Journal of Political Economy*, vol. XVII, n° 9, novembre (repris *in* Veblen T. (1919), *The Place of Science in Modern Civilization*, New York, Russel & Russel, 1961).
— (1914), *The Instinct of Workmanship, and the State of the Industrial Arts*, New York, Augustus Kelley, 1963.
— (1919), *The Place of Science in Modern Civilization*, New York, Russel & Russel, 1961.
— (1921), *The Engineers and the Price System*, New York, Harcourt Brace and World (tr. fr. *Les Ingénieurs et le capitalisme*, Paris, Gordon & Breach, 1971).
Walliser B. (1989), « Théorie des jeux et genèse des institutions », *Recherches économiques de Louvain*, vol 55, n° 4.
Walras L. (1898), *Études d'économie politique appliquée*, Lausanne, F. Rouge & Cie/Paris, R. Pichon et R. Durand-Auzias, 1936.
Williamson O. (1975), *Markets and Hierarchies. Analysis and Antitrust Implications*, New York, The Free Press.
— (1985), *Les Institutions de l'économie* (*The Economic Institutions of Capitalism. Firms, Markets, Relational Contracting*), Paris, Interéditions, 1994.
— (1996), *The Mechanisms of Governance*, New York, Oxford University Press.
— (2000), « The new institutional economics : taking stock, looking ahead », *Journal of Economic Literature*, vol. XXXVIII, septembre.

索 引 | INDEX

D

E

F

G

H

I

K

L

M

N

O

P

R

S

T

W